suhrkamp taschenbuch
wissenschaft 212

Edmund Ronald Leach lehrt seit 1958 in Cambridge Sozialanthropologie. 1973 erschien in der *Reihe Theorie* unter seiner Herausgeberschaft: *Mythos und Totemismus. Beiträge zur Kritik der strukturalen Analyse.*

»Wenn man sich erst einmal daran gewöhnt hat, ethnographisches Material auf die hier vorgeführte Weise zu behandeln, wird man feststellen, daß vieles begreiflich wird, was vorher ein Chaos zufälliger Bilder zu sein schien.« Edmund Leachs 1976 in England erschienenes Buch ist eine Einführung in strukturalistische Analysen in der Sozialanthropologie.

Betrachtet man fremde oder jeweils eigene Kulturgemeinschaften in ökologischen Zusammenhängen, geht man also davon aus, daß »die Struktur der Ideen und der Gesellschaft, die Art, wie der Lebensunterhalt erworben und die Architektur der Wohnbauten als ein in Wechselwirkung begriffenes Ganzes verstanden wird, in dem kein Element einseitig das andere bestimmt«, dann liegt es nahe, diese komplexen Kulturvorgänge als Informationen ihrer Teilnehmer zu verstehen: Kultur ist Kommunikation, und es gilt, die teilnehmenden Beobachter direkt oder indirekt in die Lage zu versetzen, die in den beobachteten komplexen Zusammenhängen versteckten Nachrichten in einem systematischen Vorgehen zu entziffern. In einem ersten Kapitel entwickelt Leach den »jargon apparatus«, den Begriffsapparat der Semiologie, der allgemeinen Zeichen- und Symboltheorie und der – im Ansatz den *Mythologica* von Claude Lévi-Strauss folgenden – strukturalistischen Analyse, um ihn sodann an geläufigen (etwa einem Symphonie-Konzert) und vielleicht schon weniger geläufigen (den Opfervorschriften des Alten Testaments) Beispielen ritueller Abläufe und Kodierungen in Aktion zu demonstrieren.

Edmund Leach
Kultur und Kommunikation

Zur Logik symbolischer Zusammenhänge

Übersetzt von
Eberhard Bubser

Suhrkamp

Titel der Originalausgabe
Culture and communication. The logic by which symbols are connected.

suhrkamp taschenbuch wissenschaft 212
Erste Auflage 1978

Satz: Fotosatz Günther, Feldkirchen
Druck: Nomos, Baden-Baden
Printed in Germany
Umschlag nach Entwürfen von
Willy Fleckhaus und Rolf Staudt.

Inhalt

Vorbemerkungen

Die Leser, die mit diesem Buch in erster Linie angesprochen werden sollen, sind Studenten, die gerade beginnen, sich mit der sozialanthropologischen Literatur zu beschäftigen. Einige dieser potentiellen Leser und möglicherweise auch einige von ihren Lehrern könnten sich am Formalismus und an der – nur oberflächlichen – Schwierigkeit der Argumentation in den ersten Abschnitten stoßen, deshalb möchte ich mein Vorgehen hier rechtfertigen.

Ich habe vor vielen Jahren einmal das Mißfallen meiner älteren Kollegen erregt, weil ich mich zu der Behauptung verstieg, daß die Ethnographien anderer Leute manchmal furchtbar langweilig sein können. Man hat mich mißverstanden, aber ich beharre auf meiner Häresie.

Die Arbeit des Sozialanthropologen besteht in der Analyse und Interpretation ethnographischer Fakten, unmittelbar beobachteter Verhaltensgebräuche. Und der fundamentale Unterschied zwischen dem Vorgehen des heutigen Anthropologen und dem seiner Vorgänger vor hundert Jahren besteht darin, daß heute die Behandlung des ethnographischen Materials in jedem Fall funktionalistisch ist. Man sieht heute jedes Detail eines bestimmten Brauchs als Teil eines komplexen Ganzen und ist sich einig, daß isoliert betrachtete Details nicht sinnvoller sind als einzelne Buchstaben des Alphabets. Die Ethnographie hat aufgehört, ein bloßes Inventarium der Bräuche zu sein, und ist zu einer Kunst der geschichteten Beschreibung geworden, bei der die Handlungsfäden fast so raffiniert miteinander verwoben sind wie in den Werken unserer großen Romanciers (Geertz 1973).

Sobald dies einmal klargestellt ist, ist auch klar, daß kein Detail aus der Feldforschung eines Anthropologen jemals für ihn langweilig sein kann; Details sind das Wesentliche an ihr. Bei den Details aus der Feldforschung anderer Leute sieht es dann vielleicht schon wieder etwas anders aus.

Denn es kommt nur selten vor, daß anthropologische Monographien so geschrieben sind, daß sie dem Leser ein umfassendes Gefühl für die fremde Umwelt der Kultur vermitteln, in der sich die beschriebenen Vorgänge abspielen; und wo dieses Atmosphärische fehlt, kann die Last der Details das Unverständnis nur noch drückender machen.

Wie also kann man feldunerfahrene Studenten am besten in die Mysterien der Sozialanthropologie einführen?

Meistens behilft man sich mit Ethnographiekonserven, vereinfachten Zusammenfassungen, wie sie die ausgezeichnete und viel gelesene Reihe *Case Studies in Cultural Anthropology* an die Hand gibt, oder mit Lehrbüchern, in denen allgemeine Aussagen durch isolierte, aus ihrem Kontext herausgelöste Beispiele aus klassischen Monographien über die Nuer, die Tikopia, die Tallensi, die Trobriander (und was es sonst noch gibt) illustriert werden. Beide Verfahren sind im Grunde Schwindel. Wer Neuling ist, wird durch sie zu der irrigen Annahme geführt, daß die Fakten viel weniger kompliziert sind, als es in Wirklichkeit der Fall ist, und könnte so zu der Meinung kommen, daß es in der Sozialanthropologie nichts gibt, was nicht jedes Kind mit Leichtigkeit verstehen könnte.

Der Alternativansatz, den ich hier versuche, basiert auf der Annahme, daß die einzigen ethnographischen Fakten, von denen anthropologische Anfänger eine wirklich intime Kenntnis haben, aus ihrer eigenen Lebenserfahrung stammen. Es ist Absicht, wenn in diesem Essay nur auf sehr wenige ethnographische Fakten Bezug genommen wird, und dann auch nur auf solche, die Gemeinplätze sind. Die einzige ethnographische Monographie, die der Leser genauer in Augenschein nehmen müßte, ist die Bibel. Ich hoffe, daß sich jeder Leser die Argumentation mit Beispielen aus seiner persönlichen Erfahrung illustrieren wird.

Meine allgemeine These ist inzwischen schon ziemlich geläufig geworden: Kultur kommuniziert; die komplexe Verknüpfung der Vorgänge in einer Kultur vermittelt den an ihnen Beteiligten Information. Das einmal zugestanden, ist es meine Absicht, eine systematische Prozedur sichtbar werden zu lassen, die es dem Anthropologen als teilnehmendem Beobachter ermöglicht, die

Entschlüsselung der in den von ihm beobachteten Komplexen enthaltenen Mitteilungen in Angriff zu nehmen. Der Nutzen dieser Methodologie wird erst dann erkennbar, wenn man sie auf ein komplexes Material anwendet. Dazu wird sich jeder Leser einen geeigneten Komplex von ethnographischen Fakten selbst heraussuchen müssen.

Alle Ideen in diesem Essay stammen von anderen; das einzig Originelle an ihm ist die Form der Argumentation. Aber weil es hier ja um die Semantik kultureller Formen geht – die Form stammt von mir, folglich also auch ihr semantischer Gehalt.

1. Empiristen und Rationalisten: Ökonomische Transaktionen und Kommunikationsakte

Ich möchte in diesem Kapitel zunächst mein Thema umreißen.

Wie man an der Überschrift leicht erkennen kann, hat der im Literaturverzeichnis unter Mary Douglas (1972) aufgeführte Aufsatz unmittelbar mit meinem Thema zu tun. Mary Douglas kommentiert dort eine berühmte, zu Beginn des Jahrhunderts erschienene Abhandlung (Mauss und Beuchat, 1906) über den den Jahreszeiten folgenden Lebensrhythmus der Eskimos, und sie sagt unter anderem:

»Es handelt sich um einen expliziten Angriff auf den geographischen oder technologischen Determinismus bei der Interpretation der Haushaltsorganisation. Gefordert wird vielmehr ein ökologischer Ansatz, bei dem die Struktur der Ideen und der Gesellschaft, die Art des Erwerbs des Lebensunterhalts und die Wohnbauarchitektur als ein einziges, in Wechselwirkung begriffenes Ganzes interpretiert werden, bei dem man von keinem Element sagen kann, daß es die übrigen determiniert.«

Wenn man sie so beschrieben hört, möchte man von der Eskimo-Abhandlung sagen, daß sie ein Muster für das ist, was jeder britische Sozialanthropologe aus den ethnographischen Daten, die seine Notizbücher füllen, machen möchte. In der Praxis findet man in anthropologischen Monographien nur selten eine solche Ausgewogenheit. Je nach den besonderen Neigungen des Autors wird *entweder* auf die Struktur der Ideen besonderes Gewicht gelegt *oder* auf die Struktur der Gesellschaft *oder* auf die Art des Erwerbs des Lebensunterhalts; und der Grundsatz, daß wir es immer nur mit »einem einzigen, in Wechselwirkung begriffenen Ganzen« zu tun haben, gerät nur allzu leicht in Vergessenheit.

Und leicht in Vergessenheit gerät – nebenbei – auch, daß die unterschiedlichen Neigungen der einzelnen Autoren selber Teil eines einzigen, in Wechselwirkung begriffenen Ganzen sind.

Alle Sozialanthropologen sind sich einig, daß sie es mit der *Viel-*

falt menschlicher Kulturen und Gesellschaften zu tun haben, und daß es ihre Aufgabe ist, diese Vielfalt nicht nur zu beschreiben, sondern auch in ihrer Existenz zu erklären. Aber es gibt viele verschiedene Arten von »Erklärungen«, und welche davon man bevorzugt, ist weitgehend eine Frage des persönlichen Vorurteils.

Einige Anthropologen sind offenbar der Ansicht, daß alle Erklärungen Kausalerklärungen sein müßten, und dementsprechend konzentrieren sie sich auf die Darstellung historischer Antezedentien. Andere vertreten die Auffassung, es komme darauf an, die Interdependenz der verschiedenen Teile des Systems in seinem gegenwärtigen Zustand zu verstehen, und liefern strukturell-funktionalistische Erklärungen. Wieder andere verfolgen das Ziel, aufzuweisen, daß es sich bei bestimmten, tatsächlich beobachteten kulturellen Institutionen nur um jeweils ein Element aus einer ganzen Klasse möglicher Permutationen und Kombinationen handelt und daß andere Elemente dieser Klasse sich in anderen kulturellen Kontexten ebenfalls beobachten lassen. Sie liefern strukturalistische Erklärungen – wobei »strukturalistisch« in dem von Lévi-Strauss bevorzugten Sinne gebraucht ist.

Aber bevor man hoffen kann, irgendetwas zu erklären, muß man zunächst einmal verstehen, um was es sich dabei überhaupt handelt. Was sind die Fakten, die erklärt werden müssen? Bei der Diskussion dieser Frage findet man unter den heutigen Anthropologen zwei einander entgegengesetzte Grundeinstellungen, nennen wir sie die empiristische und die rationalistische.

Die empiristische Position spiegelt sich vielleicht am reinsten im »Transaktions«-Denken Frederik Barths (1966), bei dem es sich um eine Weiterentwicklung der ursprünglich von Malinowski und Raymond Firth begründeten funktionalistischen Tradition handelt, die ihrerseits wieder eng verwandt ist mit der strukturell-funktionalistischen Auffassung von Radcliffe-Brown, Fortes, Gluckman und ihrer zahlreichen geistigen Nachkommen. Die Empiristen gehen von der Annahme aus, daß die Grundaufgabe des anthropologischen Feldforschers darin besteht, direkt beobachtetes *face-to-face*-Verhalten der Angehörigen einer lokalen Gemeinschaft bei den Interaktionen ihrer Alltagstätigkeiten zu protokollieren.

Dieser lokal beschränkte Bereich menschlichen Handelns wird dann als Bereich analysiert, in dem *soziale Personen* nach den mit ihrer Rolle und ihrem Status verbundenen herkömmlichen Konventionen agieren, ökonomische Transaktionen vornehmen. Und aus diesen ökonomischen Transaktionen ergeben sich die Implikationen, die unser Verständnis des Systems der manifesten politischen, rechtlichen und religiösen Institutionen bestimmen, innerhalb derer die beobachtete Gemeinschaft funktioniert. Was hier als »die soziale Struktur« des Systems beschrieben wird, ist aus Klassen solcher unmittelbar beobachteten Transaktionen abgeleitet. Der Erörterung der ,,Struktur der in dieser Gesellschaft vorherrschenden Ideen« gehen empiristische Anthropologen aus dem Weg; die meisten von ihnen würden dies als eine von Theoretikern erfundene, nicht beobachtbare Abstraktion zweiter Ordnung auffassen.

In den von den Anthropologen dieser empiristischen (funktionalistischen) Tradition verfaßten Monographien werden »soziale Strukturen« meist als Muster von Verwandtschafts- und Abstammungsverhältnissen dargestellt, und zwar einfach deshalb, weil in fast allen sich selbst erhaltenden *face-to-face*-Gruppen die Verwandtschaftsbeziehungen das primäre Netz bilden, das den Fluß der ökonomischen Transaktionen trägt. Infolgedessen werden die Verwandtschaftsbeziehungen als eine »Transformation« ökonomischer Beziehungen betrachtet.

Den Gegenpol hierzu bildet der rationalistische Standpunkt, als dessen typische Vertreter Lévi-Strauss und Evans-Pritchard in einigen seiner späteren Schriften gelten können.

Der Rationalismus, um den es hier geht, ist jedoch nicht der von Descartes, der gemeint hat, daß man durch Befolgen strikter logischer Prozeduren im Geist ein »wahres« Modell der Welt erzeugen könnte, das der für unsere Sinne wahrnehmbaren objektiv-phänomenalen Welt Punkt für Punkt entsprechen würde, sondern entspricht eher der von dem italienischen Philosophen

Giambattista Vico im achtzehnten Jahrhundert in seiner *Neuen Wissenschaft* entwickelten Denkweise, die anerkennt, daß die imaginativen Tätigkeiten des menschlichen Geistes »poetisch« und nicht einfach auf die Regeln der aristotelischen oder mathematischen Logik zu bringen sind.

Die Lévi-Straussschen Rationalisten bezeichnen sich selbst als »Strukturalisten«, aber die Struktur, um die es ihnen geht, ist zunächst nicht die der Gesellschaft, sondern die von Ideen.

Und weil es ihnen mehr um Ideen als um objektive Fakten geht, halten sich die rationalistischen Anthropologen in der Regel mehr an das, was gesagt wird, als an das, was getan wird. Sie legen in der Feldforschung besonderes Gewicht auf Mythologien und auf das, was nach Aussage ihrer Informanten der Fall sein sollte; und wenn es zwischen den verbalen Mitteilungen und dem beobachteten Verhalten zu Diskrepanzen kommt, neigen die Rationalisten zu der These, daß die soziale Wirklichkeit in den Aussagen »existiert«, und nicht in dem, was faktisch geschieht.

Ich will versuchen, an einem Beispiel zu illustrieren, wie sich dieser Standpunkt rechtfertigen läßt: Eine Symphonie von Beethoven »existiert« als Partitur, die von verschiedenen Orchestern auf verschiedene Weise interpretiert werden kann. Wenn nun das, was wir bei einer ganz besonders schlechten Aufführung zu hören bekommen, sich beträchtlich von dem unterscheidet, was in der Partitur steht, würden wir gewiß nicht sagen, daß die »wirkliche« Symphonie der miserablen Aufführung entspricht und nicht der in der Partitur festgelegten Idee.

Im Denken der rationalistischen bzw. strukturalistischen Sozialanthropologen steht die »Struktur« eines gesellschaftlichen Systems von Ideen zum realen Geschehen im gleichen Verhältnis wie eine Partitur zur Orchesteraufführung. Die Partitur ist in einem gewissen Sinne »die Ursache« dessen, was geschieht; aber wir können nicht umgekehrt vorgehen und aus dem Verhalten bestimmter Musiker zuverlässig auf die Beschaffenheit der Partitur schließen. Die Partitur hat ihren Ursprung »im Geist« des Komponisten. Analog hierzu neigen die Rationalisten zu der Auffassung, daß kulturelle Systeme von einer Art Kollektiv komponiert werden – »dem menschlichen Geist«. Und sie folgern daraus, daß man eine Reihe von kontrastierenden empirischen Exemplaren (eine Reihe von Aufführungen verschiedener Orchester) untersuchen muß, bevor man hinreichend zuverlässig sagen kann, welche »abstrakte Wirklichkeit« ihnen allen gemeinsam zugrundeliegt.

Von diesem Ansatz aus erscheinen die unmittelbar beobachteten Interaktionen zwischen Individuen, die der funktionalistische Empirist als *ökonomische Transaktionen* wahrnimmt, als *Kommunikationsakte*.

Aber es muß hier wiederholt werden, was ich vorhin schon einmal gesagt habe: Die untereinander rivalisierenden Theorien der Anthropologen sind selber Teil eines einzigen, in Wechselwirkung begriffenen Ganzen. Beide Positionen unseres Gegensatzpaars akzeptieren das zentrale Dogma des Funktionalismus, daß kulturelle Details immer innerhalb ihres Kontexts gesehen werden müssen, daß immer eines ins andere greift. So gesehen involvieren die beiden Ansätze, der empiristisch-funktionalistische und der rationalistisch-strukturalistische, keinen Widerspruch, sondern verhalten sich komplementär zueinander; sie gehen durch Transformation ineinander über.

Nach Malinowski, dem Urvater der funktionalistisch-empiristischen Anthropologie, findet sich in allem sozialen Verhalten das »Gegenseitigkeitsprinzip«. Er wollte damit das sozial Bindende unterstreichen, das den aus dem Gegenseitigkeitsprinzip resultierenden ökonomischen Transaktionen eigen ist; aber er hat auch anerkannt, daß die Gegenseitigkeit ein Modus der Kommunikation ist, daß das Gegenseitigkeitsprinzip nicht nur etwas bewirkt, sondern auch etwas besagt.

Wenn A dem B ein Geschenk gibt, wird B sich moralisch verpflichtet fühlen, seinerseits nun auch A ein Geschenk zu geben. Ökonomisch gesprochen ist B in dieser Situation Schuldner von A; aber unter dem Aspekt der Kommunikation ist dieses Gefühl der gegenseitigen Verpflichtung ein Ausdruck für das von beiden geteilte Gefühl, dem gleichen sozialen System anzugehören. Darüber hinaus sagt das Gegengeschenk auch noch etwas über die relative soziale Position von B im Verhältnis zu A aus: Wenn jede Gabe durch ein genaues Äquivalent erwidert wird – ein Glas Bier für ein Glas Bier, eine Grußpostkarte für eine Grußpostkarte –, ist dies ein Ausdruck der Statusgleichheit. Wenn dagegen Gabe und Gegengabe qualitativ ungleich sind – A gibt Arbeitsleistung, B gibt Lohn –, ist dies ein Ausdruck für ungleichen Status, z. B. den des Arbeitgebers gegenüber dem Arbeitnehmer.

Und um noch deutlicher zu machen, daß die beiden hier summarisch als »empiristisch« bzw. »rationalistisch« gekennzeichneten Standpunkte in der Anthropologie als komplementär aufgefaßt werden müssen statt einfach als falsch oder richtig, will ich erwähnen, daß sich unter meinen eigenen Arbeiten Monographien beider Richtungen finden. Leach (1954) ist rationalistisch angelegt, Leach (1961) empiristisch.

Die Haupttendenz meiner Argumente im vorliegenden Buch wird rationalistisch-strukturalistisch sein, und nicht empiristisch-funktionalistisch; denn mein Hauptthema ist die Kommunikation. Aber das dient nur dem Zweck der besseren Darstellung. In der Praxis lassen sich Kommunikation und Ökonomie nie reinlich voneinander scheiden. Selbst bei einer so hochgradig symbolischen Kommunikationshandlung wie der Konsekration von Brot und Wein zum Leib und Blut Christi im christlichen Abendmahlssakrament gibt es noch ein ökonomisches Substrat – denn irgendwer muß irgendwo das Brot und den Wein eingekauft haben.

Aber die Konzentration auf die kommunikativen Aspekte der Transaktionen ermöglicht es mir, die Zahl der zu berücksichtigenden Parameter einzuschränken; und innerhalb dieses eingeschränkten Bezugsrahmens können Einzelheiten des beobachteten Verhaltens oder Details von bestimmten Bräuchen so behandelt werden wie die Wörter und Sätze innerhalb einer Sprache oder wie die einzelnen Passagen einer Orchesteraufführung.

Bei der alltäglichen Sprache oder einer normalen Orchesteraufführung entstammt jede »Äußerung« einem bestimmten menschlichen Geist, und das Hauptproblem besteht darin, herauszufinden, inwieweit die dem Hörer übermittelte »Bedeutung« der Intention des Autors bzw. Komponisten entspricht. Mir geht es hier um die Frage, wie Anthropologen als Beobachter feststellen können, was bestimmte Bräuche – soweit es sich nicht um verbale Bräuche handelt – »bedeuten«.

Wenn wir diese Frage nicht nur ganz allgemein erörtern wollen, müssen wir für die Diskussion einen künstlichen, formalen Bezugsrahmen entwickeln und beinahe so vorgehen, als ob es sich um ein mathematisches Problem handelte. Deshalb wird in den nächsten drei Kapiteln der nötige Jargon entwickelt, ein Begriffsgerüst, dem wir unser analytisches Instrumentarium entnehmen können. Wer als Leser nicht an diese formal-schematische Weise des Argumentierens gewöhnt ist, wird dadurch vielleicht abgeschreckt. Alles, was ich zu ihrer Verteidigung vorbringen kann, ist, daß sie funktioniert. Wenn sich der Leser an die von mir vorgeführte Art und Weise des Umgangs mit ethnographischem Material gewöhnen kann, wird er entdecken, daß viele Dinge begreifbar werden, die ihm vorher nur wie ein Chaos von Zufallsbildern erschienen sind.

2. Fragen der Terminologie

Wenn wir mit unseren Freunden und Nachbarn umgehen, finden wir es ganz selbstverständlich, daß es sich bei der Kommunikation um einen komplexen, kontinuierlichen Prozeß handelt, in dem es neben den verbalen auch unzählige nichtverbale Komponenten gibt. Erst wenn wir ganz Fremden begegnen, wird uns plötzlich bewußt, daß wir – weil jedes herkömmliche, einem Brauch folgende Verhalten Information übermittelt (und nicht nur das verbale) – nicht verstehen können, was vor sich geht, bevor wir den Code der Fremden kennen. Wie also kann man die Bräuche fremder Menschen entschlüsseln?

Es ist nützlich, dabei drei Aspekte menschlichen Verhaltens zu unterscheiden:

(1) Die *natürlichen biologischen Aktivitäten des menschlichen Körpers* – Atmung, Herzschlag, Verdauungsprozesse usw.,

(2) *technische Aktivitäten*, die zu einer physischen Veränderung der Außenwelt führen – ein Loch graben, ein Ei kochen usw.,

(3) *Ausdrucksaktivitäten*, die entweder einfach etwas über die Beschaffenheit der Welt aussagen oder sie auf magisch-übernatürliche Weise verändern wollen.

Neben den üblichen verbalen Äußerungen gehören zu den Ausdrucksaktivitäten offensichtlich auch Gesten wie Kopfnikken, Gesichterschneiden, Winken, aber auch Verhaltensweisen wie das Tragen einer Uniform, das Auf-einem-Rednerpult-Stehen, das Auf-den-Finger-Streifen eines Eherings.

Die drei genannten Verhaltensaspekte sind nie völlig voneinander trennbar. Selbst mein Atmen ist noch eine Ausdrucksaktivität – es »besagt«, daß ich noch lebe. Und selbst die einfachste technische Aktivität hat biologische und Ausdrucks-Implikationen. Wenn ich mir eine Tasse Kaffee aufbrühe, verändere ich nicht nur die Außenwelt, sondern rege auch meinen Kreislauf an und sage etwas aus; denn die Art und Weise, wie ich den Kaffee aufbrühe, und die Gerätschaften, die ich dabei benutze, vermitteln Informationen über die Beschaffenheit der Kultur, der ich angehöre.

Die Modi und Kanäle unserer Kommunikation sind höchst verschiedenartig und komplex; aber als erste Annäherung und für den Beginn der Analyse dürfte folgende Feststellung genügen: Die Kommunikation unter Menschen kommt durch Ausdrucksaktivitäten zustande, die sich durch *Signale*, *Zeichen* oder *Symbole* betätigen. Die meisten von uns machen keinen ganz genauen Unterschied zwischen diesen drei geläufigen Wörtern, und selbst die, die einen solchen Unterschied machen, verwenden sie auf höchst differente Weise*. Ich will sie hier in einer ganz bestimmten Bedeutung verwenden, die ich näher erläutern werde.

* Die Literatur zu diesem Thema ist ungeheuer umfangreich und reicht mehrere Jahrhunderte zurück. Die am häufigsten zitierten »Autoritäten« sind C. S. Peirce, F. de Saussure, E. Cassirer, L. Hjelmslev, C. Morris, R. Jakobson und R. Barthes. Diese Autoren spielen zahlreiche Zuordnungskombinationen der Termini *Zeichen, Symbol, Index, Signal, Ikon* durch, ohne Einstimmigkeit zu erreichen, dafür aber

Bei einigen Formen der Kommunikation wird die Ausdrucksaktivität des Senders durch den Empfänger unmittelbar interpretiert: Ich spreche, mein Gegenüber hört mir zu; ich nicke mit dem Kopf, mein Gegenüber sieht es. In anderen Fällen ist die Verbindung indirekt: Ich schreibe einen Brief, d.h. ich produziere ein Muster von Zeichen und Symbolen auf einem Blatt Papier; der Empfänger erhält dieses Blatt einige Zeit später und interpretiert, was ich geschrieben habe.

Der Bereich dieser letzteren, indirekten Kommunikationen ist ungeheuer groß. Wir sind dauernd damit beschäftigt, die Resultate der vergangenen Ausdrucksaktivitäten anderer Menschen zu interpretieren. Ich brauche eine Kirche nur anzusehen, um zu wissen, daß es sich nicht um ein gewöhnliches Wohnhaus handelt; aber die Ausdrucksaktivitäten, die diesen Unterschied ursprünglich in die Kirche »eingebaut« haben, haben sich vor langer Zeit abgespielt.

Ich gehe im folgenden von der Annahme aus, daß *sämtliche* nichtverbalen Dimensionen einer Kultur – Kleidertrachten, Dorfanlagen, Bauweisen, Möbel, Lebensmittel, Kochkunst, Körpergesten und -posituren usw. – so zu bestimmte »Muster« tragenden Klassen organisiert sind, daß sie Träger codierter Informationen sind, ebenso wie die Laute, Wörter und Sätze einer Wortsprache. Mit anderen Worten, ich nehme an, daß es ebenso sinnvoll ist, über die grammatischen Regeln der Bekleidung zu sprechen wie über die grammatischen Regeln beim Gebrauch sprachlicher Ausdrücke.

Das ist natürlich eine sehr globale Annahme, und ich will versu-

mit ständig komplexer werdenden Argumentationen. Firth (1973) folgt Peirce und Morris und benutzt *Zeichen* als Oberkategorie, die *Symbol, Signal, Index* und *Ikon* als Unterkategorien umfaßt. Ich habe das in Abbildung 1 (S. 21) dargestellte Schema vorgezogen, das auf Mulder und Hervey (1972) basiert. *Symbol* und *Zeichen* sind hier im Kontrast stehende Unterklassen von *Index*. Der Sprechweise von Firth habe ich mich nicht angeschlossen, weil ich wesentliche Einsichten von Saussure, Jakobson und Barthes berücksichtigen muß; und Mulder und Herveys Schema habe ich modifiziert, teils, um die nichtverbale Kommunikation ebenso gut berücksichtigen zu können wie die verbale, und teils, weil es mir mehr um Verständlichkeit als vollkommene Strenge des Arguments geht. Hinweise auf die genannten Autoren finden sich im Literaturverzeichnis. Übrigens ist auch Fernandez (1965, S. 917–22; 1974) ein nützlicher Führer in diesem terminologischen Irrgarten.

chen, sie im Detail zu rechtfertigen. Mein fundamentales Argument ist, daß die Nachrichten, die wir in einem bestimmten Sinnesmodus empfangen (Gesicht, Gehör, Geruch, Geschmack, Tastsinn usw.) unschwer in andere Sinnesmodi übertragbar sind. Wir können uns anschaulich vorstellen, was uns gesagt wird, wir können einen geschriebenen Text in gesprochene Sprache umsetzen, Musiker können die visuellen Muster einer Partitur in Bewegungen ihrer Arme, ihres Mundes und ihrer Finger umsetzen. Offensichtlich gilt auf einem sehr tiefliegenden, abstrakten Niveau für alle unsere Sinne ein und derselbe Code. Es *muß* eine Art von »logischem« Mechanismus geben, der es uns gestattet, visuelle Nachrichten in akustische Tast- oder Geruchsnachrichten zu übertragen und umgekehrt.

Es ist jedoch auch wichtig, festzuhalten, daß es zentrale Unterschiede zwischen der Art und Weise gibt, wie wir durch Wort- und Schriftsprache untereinander Informationen vermitteln und wie wir durch die codierten Konventionen des nichtverbalen Verhaltens und durch nichtverbale Zeichen und Symbole miteinander kommunizieren.

Die grammatischen Regeln der Wortsprache sind so beschaffen, daß jeder, der die betreffende Sprache beherrscht, spontan völlig neue, noch nie dagewesene Sätze hervorbringen und erwarten kann, daß seine Zuhörer ihn verstehen. Für die meisten Formen der nichtverbalen Kommunikation gilt dies nicht. Durch Brauch festgelegte Konventionen sind nur verständlich, wenn sie vertraut sind. Privatsymbole, wie sie in Träumen oder Gedichten vorkommen, oder neu erfundene »symbolische Äußerungen« nichtsprachlicher Art können anderen keine Information vermitteln, wenn sie nicht eigens erklärt werden. Das läßt erkennen, daß die Syntax der nichtverbalen »Sprache« erheblich einfacher sein muß als die der Wort- bzw. Schriftsprache. (Und wenn dies nicht der Fall wäre, wäre es ja auch komplette Zeitverschwendung, in einer so kurzen Darstellung wie dieser auf ein dann überaus komplexes Thema einzugehen.)

Man wird also beim Lesen des Folgenden im Gedächtnis behalten müssen, daß es nicht mehr als Analogien zwischen der Erzeugung neuer Sätze im spontanen Gesprächsaustausch zwischen Individuen und der sich über längere Zeiträume erstrekkenden Erzeugung neuer Bräuche durch eine Kulturgemeinschaft gibt. Faktisch wissen wir über beide Vorgänge ziemlich wenig.

Mein Ausgangspunkt ist willkürlich gewählt: Nehmen wir eine Einheit der Kommunikation und bezeichnen sie als »Kommunikationsereignis«. Jedes Kommunikationsereignis ist dyadisch, zweiseitig angelegt, und zwar wenigstens in zwei Hinsichten:

(I) Es müssen immer zwei Individuen an einem solchen Ereignis beteiligt sein, nämlich der »Sender« X, der Urheber der Ausdrucksaktivität, und Y, der »Empfänger«, der das Produkt der Ausdrucksaktivität interpretiert. Es kann, muß aber nicht der Fall sein, daß X und Y sich zur gleichen Zeit am gleichen Ort befinden.

(II) Die Ausdrucksaktivität selber hat einen Doppelaspekt, und zwar deshalb, weil mit ihr eine Nachricht übermittelt wird. Einerseits haben wir es mit der Aktivität selber bzw. ihrem Produkt zu tun – dem Kopfnicken, dem geschriebenen Brief –, andererseits mit der Nachricht, die durch den Sender vercodet und durch den Empfänger entschlüsselt wird.

Der terminologische Komplex, der in Abb. 1 dargestellt wird, ist für die weitere Analyse nützlich, weil das Verhältnis zwischen dem »Nachrichtenträger A« und der »Nachricht B« eine Vielfalt von Formen annehmen kann. Es empfiehlt sich, beim Lesen der folgenden Abschnitte, Abb. 1 immer wieder zu Rate zu ziehen. Die Hauptunterscheidung in diesem Schema wird zunächst durch die Begriffe »Signal« und »Index« markiert.

Beim SIGNAL ist die Beziehung zwischen A und B mechanisch und automatisch; A löst B aus. Nachricht und Nachrichtenträger sind Aspekte ein und desselben Dings. Alle Tiere und auch der Mensch reagieren beständig auf eine ungeheure Vielfalt von Signalen.

Beim INDEX ist A ein Anzeichen für B. Signale sind dynamisch, Indices statisch. Signale sind kausal, Indices deskriptiv. Innerhalb dieser umfassenden Klasse gibt es weiter die *natürli-*

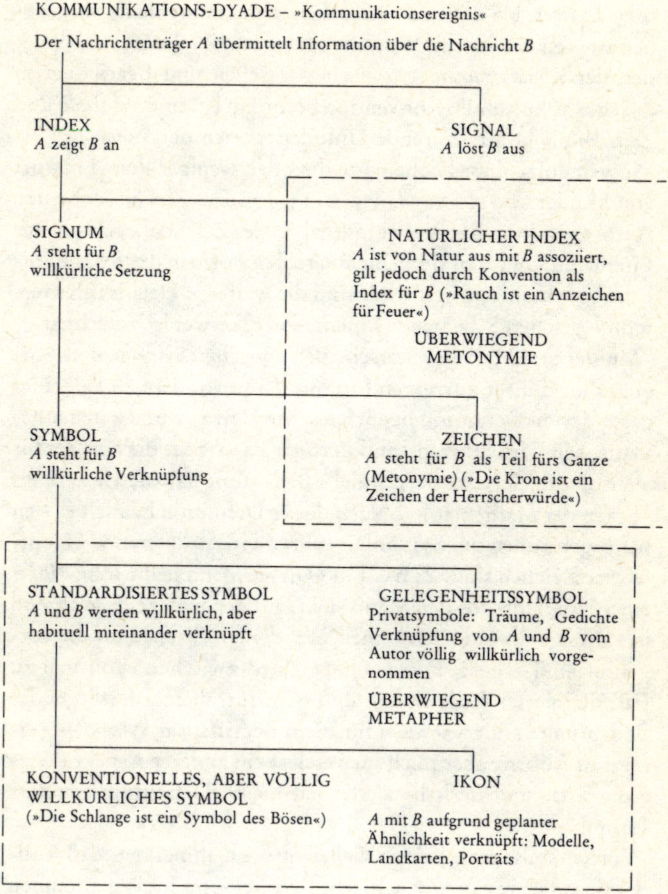
KOMMUNIKATIONS-DYADE – »Kommunikationsereignis«
Der Nachrichtenträger A übermittelt Information über die Nachricht B
INDEX
A zeigt B an
SIGNAL
A löst B aus
SIGNUM
A steht für B
willkürliche Setzung
NATÜRLICHER INDEX
A ist von Natur aus mit B assoziiert, gilt jedoch durch Konvention als Index für B (»Rauch ist ein Anzeichen für Feuer«)
ÜBERWIEGEND METONYMIE
SYMBOL
A steht für B
willkürliche Verknüpfung
ZEICHEN
A steht für B als Teil fürs Ganze (Metonymie) (»Die Krone ist ein Zeichen der Herrscherwürde«)
STANDARDISIERTES SYMBOL
A und B werden willkürlich, aber habituell miteinander verknüpft
GELEGENHEITSSYMBOL
Privatsymbole: Träume, Gedichte
Verknüpfung von A und B vom Autor völlig willkürlich vorgenommen
ÜBERWIEGEND METAPHER
KONVENTIONELLES, ABER VÖLLIG WILLKÜRLICHES SYMBOL
(»Die Schlange ist ein Symbol des Bösen«)
IKON
A mit B aufgrund geplanter Ähnlichkeit verknüpft: Modelle, Landkarten, Porträts

Abbildung 1

chen Indices, bei denen ein natürlicher Zusammenhang vorgegeben ist (»Rauch ist ein Anzeichen für Feuer«), die *Signa*, bei denen der Zusammenhang zwischen Zeichen und Bezeichnetem durch eine kulturelle Konvention bestimmt ist, und *Symbole* und *Zeichen* als kontrastierende Unterkategorien der *Signa*.

Soweit folgt dieses Schema mehr oder weniger dem Entwurf von Mulder und Hervey (1972, S. 13–17). Das Ziel dieser beiden Autoren ist jedoch eine strikte Analyse des Zeichenbegriffs in der Linguistik; und weil sie an nichtverbalen Formen der Kommunikation nicht interessiert sind, sind die weiteren Details ihres terminologischen Schemas für meine Zwecke wenig brauchbar.

Mulder und Hervey unterscheiden zwischen *Symbolen* als »*Signa*, die zu ihrer korrekten Interpretation von Fall zu Fall einer gesonderten Definition bedürfen – wie z. B. x, y und z in mathematischen Gleichungen« und *Zeichen* als »*Signa*, die eine ein für allemal festgelegte konventionelle Bedeutung haben, wie z. B. +, –, = in der Mathematik«. Nach dieser Definition handelt es sich bei Eigennamen um Symbole, während klassifizierende Hauptwörter Zeichen sind. Z. B. ist in »Dieser Mann heißt John« *John* ein Symbol, das für den Mann steht, auf den man zeigt, während in »Diese Tiere sind Schweine« *Schwein* ein Zeichen für die vorgeführten Tiere ist. Dieser Unterschied zwischen »von Fall zu Fall definierter Bedeutung« und »ein für allemal festliegender Bedeutung« gilt zwar auch für mein Begriffspaar *Symbol – Zeichen* in Abb. 1; aber mich interessiert ein anderer Aspekt dieses Kontrasts, und deshalb werde ich meine Definitionen anders formulieren.

Vorher sollte man jedoch vielleicht noch anmerken, daß Mulders und Herveys mathematische Beispiele unmittelbar erkennen lassen, daß in jeder bestimmten »symbolischen Aussage« Symbole und Zeichen gemeinsam auftreten, wie z. B. in $x + y = z$.

Ebenso ist evident, daß der Zeichen- bzw. Symbolcharakter eines bestimmten Signums von der Art und Weise seiner Verwendung im Einzelfall abhängt. So sind die Buchstaben des Alphabets Symbole, wenn sie in Gleichungen verwendet werden, aber wenn mit ihrer Hilfe verbale Äußerungen schriftlich festgehalten werden, haben sie (mehr oder minder) feststehende Lautwerte und sind Zeichen. Einzeln ist jeder Buchstabe in diesem letzteren Kontext sinnlos, aber wenn man sie zu Untermengen der 26 Buchstaben des Alphabets kombiniert, kann man mit ihnen viele hunderttausend Wörter in hunderten von verschiedenen Sprachen darstellen.

Und das ist für meine Zwecke der entscheidende Punkt. Entscheidend ist (I), daß Zeichen nicht isoliert auftreten, sondern immer zu einer Klasse unterscheidbarer Zeichen gehören, die ihre Funktion innerhalb eines bestimmten kulturellen Kontexts haben, und (II), daß ein Zeichen nur dann eine Information übermittelt, wenn es mit anderen Zeichen oder Symbolen aus dem gleichen Kontext in Verbindung steht, wie z. B. in dem zum Kontext der Mathematik gehörenden Ausdruck $x + y = z$. Außerhalb dieses Kontexts können die Zeichen + und = keine Information vermitteln. Anders ausgedrückt: *Zeichen* sind durch die *Zugehörigkeit* zu den übrigen Zeichen einer bestimmten Klasse charakterisiert.

Und damit kommen wir zu den in Abb. 1 skizzierten Definitionen.

(1) Ein *Signum* ist ein *Zeichen*, wenn es eine vorgängige innere Beziehung zwischen A und B gibt, weil beide dem gleichen kulturellen Kontext angehören.

Beispiele:

(I) Im Kontext der Transskription unserer Wortsprache mit den Buchstaben des lateinischen Alphabets ist jeder Buchstabe (oder Buchstabenpaar oder Dreiergruppe – »sch«) ein *Zeichen* für einen bestimmten Laut.

(II) Im Kontext der orthographischen Konventionen ist die Buchstabenfolge APFEL ein *Zeichen* für eine bestimmte Frucht.

(III) In dem Ausdruck »A steht für Apfel« ist A ein *Zeichen* für APFEL und folglich auch ein *Zeichen* für die Frucht.

(IV) Im Kontext der politischen Tradition Europas, in der Herrscher »gekrönte Häupter« waren, ist die Krone ein *Zeichen* der Herrscherwürde.

Diese Art von Beziehung wird gelegentlich *Metonymie* genannt, und in diesem Sinne werde ich diesen Terminus im folgenden verwenden. Wie die letzten beiden Beispiele erkennen lassen, liegt Metonymie vor, wenn »ein Teil für das Ganze steht«; der Index, der als Zeichen funktioniert, ist zusammengehörig mit dem und Teil des Bezeichneten. Man bemerke, daß auch natürliche Indices (»Rauch ist ein Anzeichen für Feuer«) ebenso wie Zeichen auf einer metonymischen Beziehung basieren.

(2) Entsprechend ist ein *Signum* ein *Symbol*, wenn A für B steht, es jedoch zwischen A und B keine vorgängige innere Beziehung gibt, A und B zu verschiedenen kulturellen Kontexten gehören.

Beispiele:

(I) In der mathematischen Aufgabenstellung »x sei der Preis für Käse, y der Preis für Butter und z der Preis für Brot. . .« sind x, y und z Symbole. x, y und z gehören in den Kontext der Mathematik, die Preise gehören in den Kontext des Markts.

(II) Wo eine Krone als Warenzeichen für eine bestimmte Biersorte verwendet wird, wird sie als Symbol, und nicht als Zeichen benutzt. Es besteht keine vorgängige innere Beziehung, Krone und Bier gehören unterschiedlichen Kontexten an.

(III) In der biblischen Geschichte von der Schlange im Paradies ist die Schlange ein Symbol des Bösen. Der zoologische Kontext, in dem Schlangen vorkommen, hat keine innere Beziehung zum moralischen Kontext, in den der Begriff des Bösen gehört.

In Abb. 1 markieren die beiden punktierten Rechtecke die Kontrastbereiche der durch *innere* Beziehungen gekennzeichneten natürlichen Indices und Zeichen einerseits und der durch *nicht-innere* Beziehungen gekennzeichneten Symbole, die dem Unterschied zwischen *Metonymie* und *Metapher* entsprechen. Metonymie impliziert Zusammengehörigkeit, Teilsein, Metaphern dagegen eine behauptete Ähnlichkeit.

Innerhalb der Kategorie *Symbol* entspricht mein Schema wieder mehr oder weniger dem von Mulder und Harvey. *Standardisierte Symbole*, die »öffentliche« Informationen übermitteln, werden von *Gelegenheitssymbolen* unterschieden, d. h. privaten Hier-

und-Jetzt-Symbolen, wie sie in Träumen oder Gedichten vorkommen; die in diesen enthaltene Information wird erst dann »öffentlich« zugänglich, wenn sie kommentiert werden. Innerhalb der Kategorie der *standardisierten Symbole* unterscheide ich zwischen *Ikonen*, bei denen zwischen A und B eine *geplante* Ähnlichkeitsbeziehung besteht (Modelle, Landkarten, Porträts), und *konventionellen, aber völlig willkürlichen Symbolen*. Diese Unterscheidung ist üblich [s. z. B. Firth (1973)].

Der Punkt, daß es sich bei *Zeichenbeziehungen* um Zusammengehörigkeiten, also um *Metonymien* handelt, während bei *Symbolbeziehungen* eine Ähnlichkeit willkürlich behauptet wird, also *Metaphern* vorliegen, muß noch etwas eingehender erläutert werden.

Fast alle Autoren, die sich gründlicher mit menschlichen Kommunikationsprozessen beschäftigt haben, stimmen darin überein, daß eine Unterscheidung dieser Art analytisch wichtig ist, aber auch hier bestehen bei ihnen beträchtliche Unterschiede in der Terminologie.

Das Begriffspaar *Metapher-Metonymie* ist von Jakobson (1956) eingeführt worden. Lévi-Strauss (1968) kennzeichnet fast den gleichen Unterschied – im Anschluß an de Saussure – durch die Termini *paradigmatisch-syntagmatisch*. Ein ähnlicher Unterschied wird auch in der Musik sichtbar, wenn wir die *Harmonie*, bei der verschiedene Instrumente gleichzeitig Töne hervorbringen, die wir zusammenhören, von der *Melodie* unterscheiden, bei der ein Ton auf den anderen folgt.

In der Musik ist es uns geläufig, eine Melodie in eine andere Tonart zu übertragen, so daß sie von einem anderen Instrument gespielt werden kann. Dies ist ein Spezialfall, hinter dem ein viel allgemeinerer Prozeß steht, bei dem syntagmatische, durch Metonymie verbundene Zeichenketten durch eine paradigmatische Transposition in eine andere manifeste Form überführt werden. Prototypische Beispiele für *syntagmatische Ketten* sind die Buchstaben eines niedergeschriebenen Worts oder die Wörter, die einen Satz bilden, oder die Folge von Noten auf einem Notenblatt, die eine Melodie kennzeichnet.

Eine *paradigmatische Assoziation* liegt z.B. dann vor, wenn eine Notenzeile als Abfolge von Fingerbewegungen auf den Tasten eines Klaviers interpretiert wird, die ihrerseits wieder in eine Abfolge von Klängen umgesetzt wird, die das Ohr des Hörers erreichen. Die Beziehung zwischen Notentext, Fingerbewegungen und Klängen (Schallwellen) ist *paradigmatisch*.

Diese Art von Jargon ist gewiß ermüdend, aber manchmal eben nützlich. Annähernd, wenn auch nicht ganz genau, haben wir es hier mit den folgenden Entsprechungen zu tun:

Symbol: Zeichen = Metapher: Metonymie = Paradigmatische Assoziation: Syntagmatische Kette = Harmonie: Melodie.

Es ist eine uns allen geläufige Erfahrung, daß alle Arten von menschlichen Aktivitäten, und nicht bloß das Sprechen, Information übermitteln. Zu diesen Kommunikationsmodi gehören das Schreiben, das Musikspielen, das Tanzen, das Malen, das Singen, das Bauen, das Schauspielern, das Heilen, das Beten und noch vieles andere. Und die gesamte Argumentation dieses Buchs beruht auf der These, daß auf einem bestimmten Niveau alle diese unterschiedlichen Kommunikationsmodi durch ein und denselben »Mechanismus« bestimmt sind, daß jeder von ihnen eine »Transformation« aus allen übrigen ergibt, ungefähr so, wie ein geschriebener Text eine Transformation einer gesprochenen Rede ergibt. Und wenn dies der Fall ist, brauchen wir eine Sprache, in der wir die Attribute dieses gemeinsamen Codes diskutieren können. Genau das ist der Zweck, dem der hier eingeführte Jargon dienen soll.

3. Objekte, Sinnesbilder, Begriffe

Eine fundamentale Schwierigkeit bei all diesen Überlegungen besteht darin, daß wir es ständig mit menschlichen Geistestätigkeiten zu tun haben, und eben nicht nur mit den Objekten und Aktivitäten in der Außenwelt.

Die Musik, die zustandekommt, wenn ein Pianist die Noten auf dem Notenblatt in Fingerbewegungen auf den Tasten transformiert, ist nicht einfach das Produkt von durch Signale ausgelösten Reaktionen. Dieses »Antworten« auf Auslöser spielt auch eine Rolle; aber es wird durch das musikalische Denken und die musikalischen Fähigkeiten des Pianisten umgeformt. Und das gilt für den gesamten Bereich der – verbalen und nichtverbalen – menschlichen Kommunikation. Überall, wo es um »die Bedeutung« von Ausdrucksverhalten geht, geht es um die Beziehung zwischen beobachtbaren Mustern in der Außenwelt und unbeobachtbaren Mustern »im Geist«. Und damit stoßen wir wieder auf den Gegensatz zwischen Rationalismus und Empirismus. Was meinen wir wirklich, wenn wir von «Mustern im Geist« sprechen? So oder so möchte ich hier zur Skepsis raten.

Nur extreme Behaviouristen würden Bedeutungsprobleme diskutieren wollen, ohne geistigen Inhalten und Aktivitäten wenigstens einen gewissen Grad von »Realität« einzuräumen. Dafür ist aber die entgegengesetzte Einseitigkeit umso verbreiteter. Ein großer Teil der Semiologie, der Theorie der Zeichen und Symbole, ist von europäischen Schülern de Saussures entwickelt worden, und diese haben gegenüber dem Problem des Verhältnisses zwischen Ideen und Außenweltobjekten die extrem rationalistische Position eingenommen, daß man die Außenweltobjekte getrost vernachlässigen darf.

Wir müssen nach diesen Autoren sorgfältig zwischen »Wörtern als Außenweltobjekten« (Muster von Schallwellen bzw. Muster von Zeichen auf Papier) und »Wörtern als Lautbildern« unterscheiden. Jeder von uns erlebt »Wörter als Lautbilder«, wenn er »in Worten« denkt, ohne sie auszusprechen oder die Lippen zu bewegen. Jedes Wort unserer Muttersprache ist als Lautbild unauflöslich mit einer internalisierten Vorstellung bzw. mit einem Begriff »im Geiste« verbunden. Dieser Argumentationslinie folgend bezieht sich der Terminus *Sprachzeichen* bei Saussure und seinen Schülern auf eine Kombination von Lautbild und Begriff. Das Sprachzeichen ist eine Entität mit zwei Aspekten, wie den beiden Seiten eines Blatts Papier: (I) dem Lautbild (französisch *signifiant*, das Bezeichnende) und (II) dem Begriff (französisch *signifié*, das Bezeichnete). Mulder und Hervey (*op.cit.* S. 27) sprechen von »Ausdruck« und »Inhalt«.

Hier geht es jedoch nicht ausschließlich um verbale Kommunikation und linguistische Zeichen. Genauso, wie wir in Wörtern denken können, ohne laut zu sprechen, können wir auch in visuellen oder taktilen Bildern denken, ohne unsere Augen zu gebrauchen oder tatsächlich etwas zu berühren. Deshalb werde ich im folgenden von *Sinnesbildern* statt bloß von Lautbildern sprechen. Und die Schwierigkeit besteht nun darin, zu verstehen, in welcher Beziehung die Sinnesbilder, mit denen wir in unserer Phantasie spielen, zu den Objekten und Ereignissen der Außenwelt stehen. Es gibt dabei mehrere Arten von Problemen.

Zunächst taucht die Schwierigkeit auf, die in der Wortsprache durch die Ausdrücke *Homonymie* und *Synonymie* markiert wird. So sind z. B. die Wörter *hair* (Haar) und *hare* (Hase) im Englischen homonym, d. h. als Lautbild identisch. Aber sie bezeichnen ganz verschiedene Objekte, und die zugehörigen Begriffe verwechseln wir keineswegs. Wir können allerdings Wortwitze machen und in unserer Phantasie mit der Identität des Lautbilds spielen – wobei man vielleicht gleich bemerken sollte, daß solche Wortspiele in allen Formen der symbolischen Kommunikation eine wichtige Rolle spielen, am deutlichsten vielleicht in den mit Tabus belegten Bereichen des sozialen Lebens, wie der Sexualität und der Religion. »Wortwitze« können ebensogut visuell wie verbal sein. So ist z. B. *cock*, der Hahn, in vielen Teilen Europas schon seit den Tagen der alten Griechen eine Penis-Metapher, wodurch dann bildliche Darstellungen von Hahnenkämpfen oder Hähnen und Hühnern stark mit sexuellen Nebenbedeutungen aufgeladen sein können. Und das harmlos klingende *bunny* ist Babysprache für das viel weniger harmlose *cunny* oder *coney* (lateinisch *cunnus*). Insofern haben die heutigen Playboy-Bunnies eine Ahnengalerie, die bis in die *cunny houses*, die Bordelle des achtzehnten Jahrhunderts, zurückführt.

Umgekehrt verhält es sich bei der Synonymie. Dort wird ein und derselbe Begriff in derselben Sprache durch zwei völlig verschiedene Lautbilder dargestellt. So bedeutet im Englischen z. B.

kill dasselbe wie *slay*, und *ship* dasselbe wie *vessel*. Auch hier finden sich Analogien im nichtverbalen Bereich. In fast allen Religionen gibt es für die heiligste und am stärksten mit Tabus belegte Zentralidee mehrere gleichwertige Standardsymbole. Bei den frühen Christen waren das Kreuz, das aus den ersten beiden griechischen Buchstaben des Namens »Christos« gebildete Chi-Rho-Symbol, und der Fisch gleichwertige Christussymbole – der Fisch deshalb, weil »Ichthys«, das griechische Wort für Fisch, aus den Anfangsbuchstaben für »Jesus Christus, Gottes Sohn, Retter« besteht.

Dieses Muster wiederholt sich ganz allgemein. Allein schon die Tatsache, daß es sich bei unseren Namen für die Dinge und Ereignisse der Außenwelt um willkürliche, konventionelle Symbole handelt, impliziert eine Mehrdeutigkeit der Sinnesbilder und Begriffsbildungen, die durch die Wahrnehmung dieser Dinge induziert werden, und auch der Arten von Dingen, die wir zur Darstellung metaphysischer Ideen verwenden.

Und hier stoßen wir auf eine zweite Hauptschwierigkeit: Während einige Begriffe ihren Ursprung in der Bezugnahme auf Objekte und Ereignisse der Außenwelt haben – z. B. der Begriff *Kuh*, oder *töten* –, werden andere »im Geist« erzeugt, ohne Bezugnahme auf bestimmte Dinge oder Vorgänge in der Außenwelt – z. B. die Unterscheidung zwischen *gut* und *böse*; und dennoch können wir mit Hilfe von Zeichen und Symbolen diese geistig erzeugten Begriffe auf Dinge und Aktivitäten der Außenwelt projizieren. Wenn wir z. B. eine Braut mit einem weißen Schleier kennzeichnen und eine Witwe mit einem schwarzen, verwenden wir das Gegensatzpaar *weiß – schwarz* nicht nur als Ausdruck für *Braut – Witwe*, sondern auch für *gut – schlecht* und eine ganze Kette untergeordneter harmonischer Metaphern wie *glücklich – traurig*, *rein – unrein* usw.

Der Mechanismus, durch den diese Mehrdeutigkeiten ins System eindringen können, ist schematisch in Abb. 2 dargestellt. Zwischen X, dem Begriff »im Geist«, und Y, dem Sinnesbild, besteht eine innere Beziehung – es handelt sich bei ihnen um die beiden Seiten ein und derselben Münze. Die Beziehung zwischen

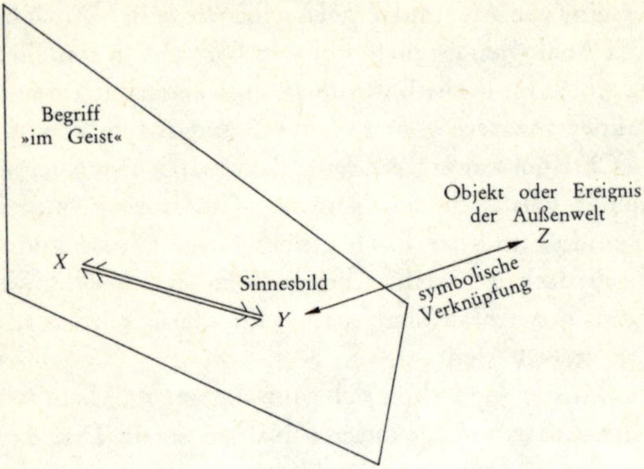

Abbildung 2

Y, dem Sinnesbild, und Z, dem Außenweltobjekt, ist dagegen immer bis zu einem gewissen Grad willkürlich.

Daraus folgt, daß die Verknüpfung zwischen Z und Y nach meiner Sprechweise immer symbolisch (metaphorisch) ist. Aber diese Behauptung muß eingeschränkt werden: Wenn die Verknüpfung zwischen Z und Y durch Konvention und habituellen Gebrauch stabilisiert wird, wird Y zu einem Zeichen für Z.

Ich habe dies schon einmal bei den Erläuterungen zur Terminologie betont: Wenn wir einen bestimmten Mann aus einer Menge herausgreifen und ihn *John* nennen, ist dieser Name ein Symbol; wenn wir jedoch das Wort *Bulle* für alle Tiere einer bestimmten Art verwenden, verwenden wir es als Zeichen. Was aber tun wir, wenn wir Polizisten *Bullen* nennen? Hier wird die Beziehung ersichtlich wieder symbolisch. Wir werden später noch sehen, daß dies keineswegs eine Trivialität ist; es ist nämlich von Bedeutung für das anthropologische Verständnis der Magie. Hier kommt es zunächst darauf an, daß der Unterschied zwischen inneren und willkürlichen Verknüpfungen nicht fest und unverrückbar ist. Jede willkürliche Verknüpfung, die hinreichend häufig benutzt wird, erscheint auf die Dauer als eine innere.

Auf die Gefahr hin, langweilig zu erscheinen, möchte ich auf diesen Punkt über die fundamentale Willkürlichkeit der Verknüpfung X-Z noch etwas weiter eingehen.

Bei Wortsprachen ist diese anfängliche Willkürlichkeit ohne weiteres erkennbar. Das Tier dort, das ich im Deutschen *Hund* nenne, würde ein Franzose *chien* nennen. Beide Wörter sind willkürliche Metaphern für ein und dasselbe Objekt, Symbole. Ebenso handelt es sich bei der Verknüpfung zwischen Lautbild und Begriff um eine offensichtlich innere Verknüpfung. Mein Hundebegriff wird durch das Wort *Hund* aktiviert und nicht durch das Wort *chien*. Das Wort *Hund* gehört zu meinem Begriff, das Wort *chien* nicht. Weil Deutsch meine Muttersprache ist, erscheinen mir das Wort *Hund* und der internalisierte Begriff *Hund* untrennbar*.

Dieses Gefühl der Identität zwischen Ding und Namen geht sehr tief. In vielen Mythen, denen der australischen Ureinwohner ebenso wie dem der Bibel, ist das Benennen der Tiere und Pflanzen ein schöpferischer Akt, der ihnen überhaupt erst ihre unabhängige Existenz verleiht.

Nun wird man zwar den ziemlich einleuchtenden Satz »Meine Begriffe sind mit bestimmten Wörtern in einer bestimmten Sprache verknüpft, aber die Dinge der Außenwelt sind mit verschiedenen Wörtern in verschiedenen Sprachen verknüpft« widerspruchslos akzeptieren, sich aber wohl doch sträuben, ihn auch auf nichtverbale Kontexte zu übertragen.

Hund und *chien* sind offensichtlich verschiedene Darstellungs-

* Selbstverständlich bleibt hier noch eine ganze Menge von schwierigen Fragen offen. Was passiert z. B. mit dem Verhältnis zwischen Lautbild und Begriff in Fällen echter Zweisprachigkeit? Und es gibt noch weitere Schwierigkeiten. Mulder und Hervey (1972, S. 26–63) haben eine höchst intrikate Analyse des in Abb. 2 dargestellten Verhältnisses zwischen X, Y und Z für die englische Wortsprache durchgeführt. Sie meinen die von mir angesprochene Mehrdeutigkeit dadurch vermeiden zu können, daß sie X als »Klasse äquivalenter Verweisträger (referents)« und Y als »Klasse äquivalenter Formen« kennzeichnen und die Kombination beider als *Zeichen* für Z. Dadurch wird notwendigerweise ihre ursprüngliche Definition der Zeichen als »Signa, die eine vollkommen festgelegte konventionelle Bedeutung haben«, ziemlich strapaziert. Auf alle Fälle ist – soweit ich sehen kann – ihr Verfahren (das sie als »denotationale Zeichensemantik« charakterisieren) auf Übersetzungsprobleme zwischen Wort- oder nichtverbalen »Sprachen« – und um die geht es bei den hier intendierten Interpretationen ja – nicht anwendbar.

formen für ein und dasselbe Objekt; aber mein visueller Respons auf »das Objekt Hund«, mein Gesamt-Sinnesbild kann doch wohl nicht auf die gleiche Weise kulturell konditioniert sein? Aber ist das wirklich so sicher ? Wie weit können wir uns darauf verlassen, daß unsere Wahrnehmung der Welt unabhängig von unserer sozialen Umwelt ist?

Diese Frage ist unter erfahrenen Anthropologen und Psychologen vieldiskutiert und umstritten, und ich habe nicht die Absicht, sie dogmatisch zu beantworten. Aber die künstlerische Darstellung allgemein verbreiteter Objekte befolgt in verschiedenen Kulturen höchst unterschiedliche Konventionen, und das dürfte signifikant sein. Es ist durchaus möglich, daß jedes Individuum die Welt nach Maßgabe seiner kulturellen Vorgegebenheiten wahrnimmt. Heute herrscht im größeren Teil der Welt das »realistische« Kamerabild; aber es wäre Selbsttäuschung, anzunehmen (was die meisten von uns wahrscheinlich tun), daß das Auge »von Natur aus« die Welt so wahrnimmt, wie sie auf einer Photographie erscheint.

Kehren wir jedoch noch einmal zu dem Satz »Polizisten sind Bullen« zurück! Die Assoziation ist hier offensichtlich willkürlich und also symbolisch (metaphorisch). Es wäre ein Irrtum anzunehmen, daß eine innere Beziehung und folglich ein metonymisches Zeichen vorläge. Aber es wäre ein wichtiger Irrtum – und außerdem ein Irrtum eines Typs, dem wir ständig zuneigen, nämlich ein Standardmittel, das wir benutzen, um den Umstand zu maskieren, daß fast alles, was wir sagen oder tun, mehrdeutig ist.

Abb. 2 kann uns verdeutlichen, wie diese Mehrdeutigkeit zunächst zustandekommt. Nehmen wir an, es handelt sich bei Z um ein Exemplar des bekannten Haustiers, das wir *Kuh* nennen. Wenn es erscheint, wird es in einem deutschsprachigen Beobachter ein visuelles Bild und das Lautbild *Kuh* hervorrufen. Diese beiden Versionen von Y sind hinreichend, um das betreffende Tier als »*Kuh*, nicht *Pferd*« zu klassifizieren. Aber der Begriff *Kuh* »im Geiste« ist nicht gleichmäßig auf Erscheinungsbild und Lautbild fixiert, und deshalb können wir mit beiden Phantasiespiele beginnen. Wir können z. B. bestimmte Attribute des visuellen Bildes mit dem Lautbild kombinieren und so eine Basis für neue Metaphern gewinnen. So wird das deutsche Wort *Kuh* nicht nur für das weibliche Rindvieh gebraucht, sondern auch für weibliche Walrösser, weibliche Elefanten, weibliche Nashörner, manchmal auch für weibliche Menschen.

Diese Verwendungsweisen haben alle den Charakter von Metaphern, aber die Assoziationen sind nicht *völlig* willkürlich – wie sich z. B. an dem Umstand zeigt, daß der Verwendung von *Kuh* bei einem Tier immer das männliche Gegenstück *Bulle* entspricht.

Das Beispiel erscheint vielleicht etwas kindisch, aber es kommt hier auf's Prinzip an. Metaphorische (symbolische) und metonymische (Zeichen-) Beziehungen sind begrifflich verschieden; und bei unseren normalen Kommunikationsprozessen legen wir Gewicht darauf, sie auseinanderzuhalten – eben um Mehrdeutigkeiten zu vermeiden. Aber eine latente Mehrdeutigkeit bleibt immer erhalten, und es gibt eine Reihe von wichtigen Ausnahmesituationen – z. B. wenn es um Poesie oder religiöse Verlautbarungen geht –, wo wir in das entgegengesetzte Extrem verfallen und uns durch eine Umcodierung zwischen Symbolen und Zeichen überzeugen, daß metaphorischer Nonsens in Wirklichkeit metonymischen Sinn ergibt.

4. Signale und Indices

Bevor ich weitergehe, muß ich noch etwas auf die oben (S. 20) sehr knapp eingeführte Unterscheidung zwischen *Signalen* und *Indices* eingehen. Dazu sei wieder auf Abb. 1 verwiesen.

Signal bezeichnet jeden Auslöser, der einen automatischen Responsmechanismus betätigt. In der Natur haben wir es meist mit biologischen Signalen zu tun. Jede natürliche Spezies hat im Laufe der Evolution ihre Reaktionen durch ein komplexes Netzwerk von Signalen an ihre Umwelt angepaßt. Um ein einches Beispiel zu nehmen: Wenn ich an einem heißen Sommertag mehrere Stunden lang nichts trinke, werde ich durstig. »Sich durstig fühlen« ist ein biologisches Signal, das eine Reaktion auslöst, nämlich die, daß ich mich nach etwas Trinkbarem umsehe.

Wieweit echte Signale bei der Kommunikation zwischen Erwachsenen noch eine Rolle spielen, ist keineswegs klar. Aber bei einer Mutter sind die Reaktionen auf das Weinen und Lächeln ihres Kindes sicher weitgehend »instinktiv«; und unsere »tierische« Seite geht beim Erwachsenwerden schließlich nicht verloren.

Zwei allgemeine Eigenschaften der Signale müssen hier hervorgehoben werden:

(1) Jedes Signal ist Teil einer Ursache-Wirkung-Kette. Es wird von einer vorausgehenden Ursache erzeugt und funktioniert seinerseits als Ursache, die eine spätere Wirkung hervorruft.

(2) Bei einem Signal und seinen Auswirkungen kommt es immer zu einem *time lag*, zu einem »Nachhängen« der Auswirkungen.

In dieser Beziehung besteht Ähnlichkeit zwischen Signalen und technischen Aktivitäten, die den physischen Zustand der Außenwelt verändern (s. S. 16f.). Der Hauptunterschied besteht darin, daß Signale zwar »automatisch« in dem Sinne funktionieren, daß sie *keinen intentionalen Respons* vonseiten des Empfängers involvieren, daß sie aber auch *nicht voll mechanisch* sind, weil die Effektivität des Signals vom nicht mit Sicherheit voraussagbaren Wahrnehmungsrespons des Empfängers abhängt. Technische Aktivitäten dagegen sind *voll mechanisch* und involvieren ein *intentionales Anfangshandeln* des Senders (bzw. Handelnden).

Dieser Punkt ist wichtig für die anthropologische Deutung der Magie (s. Kapitel 6).

Der Kontrast zwischen Signalen und Indices entspricht dem zwischen Dynamik und Statik. Beim *Signal* verursacht ein Ereignis ein anderes Ereignis, und das Signal selbst ist die Nachricht. Beim *Index* ist der Nachrichtenträger ein Anzeichen für die vergangene, gegenwärtige oder zukünftige Existenz einer Nachricht, und es ist kein Ursache-Wirkung-Verhältnis involviert. Alle Tiere, einschließlich des Menschen, reagieren jedoch auf habituell gebrauchte Indices so, als ob es sich um Signale handelte.

Dieser – ebenfalls wichtige – Punkt läßt sich am einfachsten durch das Pawlowsche Hundeexperiment illustrieren. Jedesmal, wenn der Hund Futter bekam, ertönte ein Glockenzeichen. Das echte biologische Signal für den Hund bestand im Geruch des Futters, der bei ihm Speichelfluß auslöste. Der Hund lernte jedoch, das Klingelzeichen mit der Fütterung zu assoziieren: und von da ab löste schon das Klingelzeichen allein Speichelfluß bei ihm aus, selbst wenn er gar kein Futter bekam. Das Klingelzeichen war ein Index für das Vorhandensein von Futter, wurde jedoch vom Hund als Signal behandelt.

Ein großer Teil der Erziehung beim Menschen besteht im Erlernen eines Inventars von – natürlichen oder von Menschen gemachten – Indices; wir lernen, was wozu gehört. Aber sobald wir unsere Lektion gelernt haben, schlagen wir Abkürzungen ein und verhalten uns wie der Pawlowsche Hund. So wird z. B. der Leser, wenn er sich etwas anstrengt, imstande sein, die gedruckten Buchstaben auf dieser Seite – also die Indices – einzeln wahrzunehmen; aber normalerweise wird er so lesen, als ob er es mit einem Signalapparat zu tun hätte, der automatisch Information »vor sein geistiges Auge« bringt.

Aber dies, so könnte man meinen, ruiniert ja nun mein ganzes bisheriges Argument; denn in Kapitel 2 habe ich ja explizit die Buchstabenfolge in einem geschriebenen Wort als Beispiel für »syntagmatische Zeichenketten« vorgeführt, und jetzt behaupte ich, daß wir in der Praxis des Lesens mit solchen syntagmatischen Zeichenketten umgehen, als ob es sich um Signale handelte. Worin besteht also die Pointe dieser ganzen jargonbefrachteten Analyse?

5. Transformationen

Nach den Schlußabschnitten der Kapitel 3 und 4 könnten zum Zynismus neigende Leser meinen, ich hätte die umständlichen Unterscheidungen im Kapitel 2 und im Schema von Abb. 1 nur eingeführt, um zu demonstrieren, daß sie in der Praxis nicht anwendbar sind. In gewisser Weise stimmt das sogar. Jakobson, der als erster die Wichtigkeit des Gegensatzpaars *Metapher-Metonymie* hervorgehoben hat, hat gleichzeitig mit aller Deutlichkeit gesagt, daß bei allen faktisch beobachteten – verbalen oder nichtverbalen – Formen des Austauschs beide Modi vermischt sind, obwohl einer von beiden dominieren kann. Der Prototyp eines allgemeinen Nachrichtenträger-Systems ist nicht die Druckzeile, sondern das Orchesterkonzert, in dem Harmonie und Melodie vereint wirksam werden.

Jakobsons Einsicht ist von Lévi-Strauss zu seiner berühmten Technik der Mytheninterpretation weiterentwickelt worden. Den Schlüssel bildet hier nicht nur der Umstand, daß Metapher und Metonymie, paradigmatische Assoziation und syntagmatische Kette kombiniert auftreten, sondern daß die »Bedeutung« von *Transformationen* und Rück-Transformationen vom einen Modus in den anderen abhängt.

Um zu sehen, worauf Lévi-Strauss hinaus will, muß man einige seiner Beispiele im einzelnen durchgehen. Aber die formalen Prinzipien seiner Methode sind ziemlich einfach einzusehen. Lévi-Strauss zerlegt die syntagmatische Kette der mythischen Geschichte zunächst in eine Reihe von Episoden, wobei er annimmt, daß jede Episode eine partielle metaphorische Transformation aller übrigen ist. Man kann sich demnach die Geschichte im ganzen als ein Palimpsest (ein mehrfach übereinander beschriebenes Blatt) sich überlagernder unvollständiger metaphorischer Transformationen vorstellen.

Wenn wir diese Annahme akzeptieren, folgt, daß man für den Versuch, die durch den Mythos im ganzen verkörperte (und von den Oberflächennachrichten der einzelnen Episoden zu unterscheidende) Nachricht zu entschlüsseln, nach einem (notwendigerweise einigermaßen abstrakten) Strukturmuster Ausschau halten muß, das der vorliegenden Gesamtmenge der Metaphern gemeinsam ist. Die endgültige Interpretation besteht dann darin, daß man das so abgeleitete Muster so liest, als ob es sich um eine syntagmatische Kette handelte.

Das Verfahren involviert einen doppelten Übergang vom metonymischen Modus in den metaphorischen und zurück.

Lévi-Strauss selbst hat es durch eine mathematische Formel dargestellt (Lévi-Strauss 1972, S. 269, und im Anschluß daran haben P. und E. K. Maranda (1971, S. 24–25) eine noch weiter gehende Formalisierung vorgenommen. Die ursprüngliche Fassung von Lévi-Strauss ist mehrfach umformuliert worden, in ihrer ursprünglichen Form aber immer noch am leichtesten verständlich. Man kann sie schematisch wie folgt darstellen:

(a) Wir gehen von einer mythischen Geschichte in linearer Form aus, ein Ereignis in ihr folgt auf's andere; die Ereignisse bilden eine durch Metonymie verbundene »syntagmatische Kette«.

(b) Der Mythenanalytiker konstatiert, daß die Geschichte in die Episoden A, B, C zerfällt:

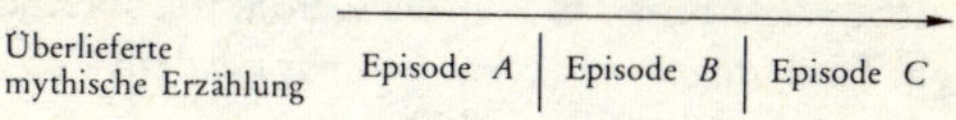

Abbildung 3 A

(c) Jede Episode ist seiner Annahme nach eine partielle Transformation aller übrigen. Wir arrangieren das Diagramm deshalb so, daß die Episoden sich zeitlich decken, und »addieren« das Ergebnis. Oder in unserem Jargon: Die »syntagmatische Kette« wird in eine »paradigmatische Assoziation« transformiert, Metonymien werden zu Metaphern:

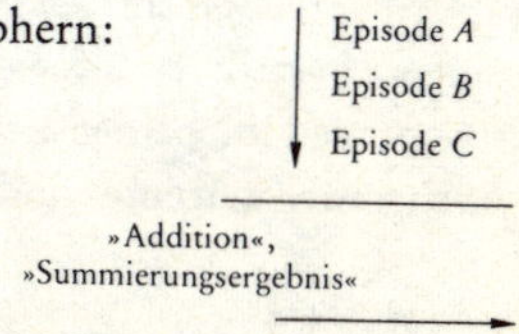

Abbildung 3 B

Verglichen mit den Details der ursprünglichen Episoden, sind die Elemente dieser additiven Zusammenfassung abstrakt, eine *strukturelle* Sequenz, die man sich am besten als eine mathematische Gleichung vorstellt, zu der die ursprünglichen Episoden unzureichende »Einkleidungen« bilden. Im Jargon: Die Summierung liefert die Umkehrung der »paradigmatischen Assoziation« in eine »syntagmatische Kette«, Metaphern werden wieder zu Metonymien.

Das fundamentale Prinzip, das hier involviert ist, ist allen verbalen Ausdrücken und rituellen Aktivitäten gemeinsam. Äußerungen sind zeitliche Sequenzen, ihrem Wesen nach also syntagmatische Ketten nachrichtentragender Elemente. Die meisten Nachrichten sind jedoch wesentlich »synchron«, ihr Ende ist im Anfang schon implizit enthalten (und umgekehrt). Bei der Interpretation einer Nachricht vollführen wir jedesmal so etwas wie eine Übersetzung aus einer Sprache in eine andere. Wir transponieren unser Musikstück gleichsam in eine andere Tonart. Diese Operation ist eine paradigmatische Transformation.

Wenn wir Nachrichten durch Sprache übermitteln, ist das Zeitintervall zwischen Anfang und Ende einer Äußerung so kurz, daß wir leicht vergessen, daß hier der Zeitfaktor überhaupt eine Rolle spielt. Und umgekehrt vergessen wir bei dem Versuch, Rituale zu interpretieren, leicht, daß Ereignisse, die durch einen beträchtlichen Zeitabstand voneinander getrennt sind, Bestandteile ein und derselben Nachricht sein können. Einen derartigen Fall habe ich schon erwähnt, ich will ihn hier wiederholen: Der christlich-europäische Brauch, Bräute mit einem weißen und Witwen mit einem schwarzen Schleier zu verhüllen, markiert zwei Punkte ein und derselben Nachricht. Bräute treten in die Ehe ein, Witwen verlassen sie. Zwischen den beiden Arten von Verschleierungen besteht eine *logische* Entsprechung, die wir leicht übersehen, weil die beiden Ereignisse normalerweise zeitlich weit voneinander getrennt sind.

6. Theorien der Magie und Zauberei

Die Verhaltensweisen, die von Anthropologen als Magie und Zauberei klassifiziert werden, bieten ausgezeichnete Beispiele für die von mir diskutierte Mehrdeutigkeit und für die Vermischung metonymischer und metaphorischer Assoziationen, die für alle Modi der menschlichen Kommunikation kennzeichnend ist.

Ich möchte in diesem Kapitel zeigen, daß die Analysetechnik, die Lévi-Strauss mit soviel Erfolg bei der Mytheninterpretation angewandt hat, mit geringfügigen Modifikationen auch zur Aufklärung der logischen Mystifikationen der »Magie« verwendet werden kann.

Als erstes sollte man hier vielleicht betonen, daß Mehrdeutigkeit etwas anderes ist als Irrtum.

Denn zu Anfang dieses Jahrhunderts haben die Anthropologen es für selbstverständlich gehalten, daß die manifeste technologische Unentwickeltheit der primitiven Gesellschaften die Folge einer ganz allgemeinen geistigen Unbegabtheit war. Der Glaube an Magie war ein Symptom der Unterlegenheit, ein Beweis, daß die primitiven Völker ihrem Wesen nach kindisch und geistig verwirrt sind.

Die wohl verbreitetste Version dieser Theorie stammte von Sir James Frazer, der in »Ausdrucksaktivitäten, die den Zustand der Welt mit metaphysischen [sic!] Mitteln zu ändern versuchen«, fehlgeleitete Versuche »technischer Handlungen, die den Zustand der Welt mit physischen Mitteln verändern«, sah (vgl. hierzu den Anfang von Kap. 2). Nach ihm handelte es sich bei der Magie um eine »Bastardwissenschaft«, deren Grundfehler in irrigen Annahmen über den Zusammenhang von Ursachen und Wirkungen bestand, und er unterschied dann im weiteren zwei Haupttypen von irrtümlich unterstellten Ursachen-Wirkung-Beziehungen: (1) die »homöopathische Magie«, die dem »Gesetz der Ähnlichkeit« folgte, und (2) die »ansteckende Magie«, der das »Gesetz der Berührung« zugrunde lag.

Frazer irrt sich hier zwar, aber er irrt sich auf interessante Weise. Zunächst einmal nimmt er an, der Hauptfehler der Magier bestehe darin, Ausdruckshandlungen mit technischen Handlungen zu verwechseln, während die heutigen Anthropologen sich einig sind, daß der magisch Handelnde normalerweise einen Index als Signal interpretiert, genau wie der Pawlowsche Hund. Andererseits aber entspricht Frazers Unterscheidung zwischen homöopathischer und ansteckender Magie im wesentlichen genau der zwischen metaphorischer und metonymischer Assoziation, was Jakobson und Halle schon vor längerer Zeit bemerkt haben (1956, S. 80–81). Frazers »Magier als Bastardwissenschaftler« hantiert mit (metaphernabhängigen) ikonischen Symbolen und (metonymieabhängigen) Zeichen.

Daß Frazer nicht zwischen intendierten Signalen und intendierten technischen Handlungen unterschieden hat, war ein Irrtum; aber man kann eigentlich nur anhand spezifischer Beispiele nachweisen, daß es ein Irrtum war. Der springende Punkt ist, daß eine als magisch gemeinte Handlung sich in ihrem Handlungscharakter spürbar von einer schlicht technisch gemeinten Handlung unterscheidet. Wenn z. B. ein sinhalesischer Bauer auf Ceylon (dem heutigen Sri Lanka) einen Pfahl in die Erde einschlagen will, nimmt er einen hinreichend schweren Hammer und tut es. Wenn er dagegen von einem wütenden Elefanten bedroht wird, wird er (oder sollte er wenigstens) stocksteif stehenbleiben und eine magische Formel rezitieren.

Der wesentliche Unterschied zwischen diesen beiden Handlungstypen besteht darin, daß der primitive *Techniker* sich ständig im unmittelbaren mechanischen Kontakt mit dem Objekt befindet, das er verändern will, während der *Magier* den Zustand der Welt durch Fernwirkung zu verändern strebt. Hier sind unsere Überlegungen zu den *Sinnesbildern* relevant (vgl. Abb. 2) und ebenso die Definition der Signale als automatische Auslöser. Nach dem Schema von Abbildung 1 handelt es sich bei magischen Handlungen um *Indices*, die der Magier selbst als *Signale* behandelt.

Dieses an den Rändern Ineinandergleiten, durch das es kommt, daß technische Aktivitäten mit Ausdrucksaktivitäten verwechselt werden, und die Kommunikation durch Symbole mit der Kommunikation durch Signale, sollte die konzentrierteste Aufmerksamkeit des Anthropologen finden.

Die einzige Art, wie man im Alltagsleben durch Fernwirkung (d.h. ohne über einen verbindenen Mechanismus zu verfügen) etwas bewerkstelligen kann, besteht im Äußern verbaler Instruktionen, die an einen entsprechend »abgerichteten« tierischen oder menschlichen Akteur gerichtet sind. Diese verbale Äußerung ist eine Ausdrucks- und keine technische Aktivität, aber wenn der Akteur auf meine Nachricht reagiert, *als ob es sich bei ihr um ein Zeichen handelte* (also automatisch, wie ein Pawlowscher Hund), wird der Umstand, daß hier der Akteur als ein Zwischenglied in der Handlung existiert, irrelevant: Im Effekt sieht das Ganze so aus, *als ob* ich eine technische Aktivität durch Fernwirkung bewerkstelligt hätte.

Allerdings ist der Effekt des verbalen Befehls in solchen Situationen nur dann zuverlässig, wenn er einem konventionellen, habitualisierten Muster entspricht, d.h. wenn die Symbole, aus denen er besteht, als Zeichen behandelt werden können (so wie wir es vorhin erörtert haben). Wenn die verbalen Befehle *vollständig* habitualisiert sind wie die Befehle, die ein Feldwebel beim Exerzieren auf dem Kasernenhof schreit, kommt es nicht einmal darauf an, um welche Wörter es sich handelt, das Geschrei an sich kann schon als Signal verstanden werden. Der allgemeine Punkt hier ist, daß Symbole, die als Zeichen behandelt werden, unschwer als Signale wahrgenommen werden können.

Und so ist es denn auch höchst signifikant, daß die Verhaltensweisen, die von Anthropologen als magische Verhaltensweisen gekennzeichnet werden, immer einen verbalen oder zeichensprachlichen Bestandteil haben – die Zauberformel. Die Zauberformel ist es, die der magischen Handlung ihre Fernwirkung verschaffen soll. Das ist ein Denkfehler – aber ein komplizierter.

Nehmen wir etwa das folgende Beispiel, das ganz gut von Frazer selbst stammen könnte:

Ein Zauberer verschafft sich einige Haare vom Kopf seines Opfers X. Er vernichtet diese Haare, was er mit Zaubersprüchen und Ritualen begleitet, und sagt voraus, daß X infolge dieser Handlung Unheil zustoßen wird.

Was ist die »Logik« dieses Denkfehlers?

In den Begriffen von Abb. 1 besteht der folgende Zusammenhang: Der Zauberer behandelt das Haar, das auf dem Kopf von X wächst, als metonymisches Zeichen für X; und er nimmt weiter an, daß die Zerstörung des Zeichens auch X selbst beschädigen wird. Das ist soweit vollkommen »vernünftig«. In den Ausdrükken »A steht für APFEL« und »Die Krone steht für die Königswürde« sind A und die Krone metonymische Zeichen für APFEL und KÖNIGSWÜRDE. Und wenn man die Zeichenkomponente löscht, sind auch die Reste beschädigt: »PFEL« und »Zeichen der Königswürde ohne Kopfschmuck« werden unentzifferbar.

Solange nun das Haar noch auf dem Kopf des Opfers wächst, ist es tatsächlich ein echtes »metonymisches Zeichen für X«; Zeichen und Bezeichnetes stehen in einem unmittelbaren Zusammenhang, und wenn das Haar zerstört würde, würde tatsächlich auch X beschädigt. Aber wenn das Haar sich erst einmal im Besitz des Zauberers befindet, ist es mit seinem Ursprung nur noch durch das verbale Etikett »Dies ist Haar von X« verknüpft, und dieses Etikett ist zwar ein metonymisches Zeichen für *Haar*, aber wegen der Trennung des Haars von X hat die Beziehung zwischen dem Etikett und X nur noch metaphorischen Charakter. Wenn die Anwesenheit des Haars im Zauberer ein Sinnesbild von X hervorrufen sollte, muß auf die bereits diskutierte Unterscheidung verwiesen werden, nach der es sich bei Eigennamen um Symbole für das so benannte Individuum handelt, und bei Kategoriewörtern – z. B. *Bulle* oder *Haar* – um Zeichen für die gemeinte Objektkategorie.

Wenn wir uns an das Schema von Abb. 1 halten, begeht der Zauberer hier also einen dreifachen Irrtum: Er verwechselt ein metaphorisches Symbol (das verbale Etikett »Dies ist Haar von X«) mit einem metonymischen Zeichen, behandelt das vermeintliche Zeichen so, als ob es ein natürlicher Index wäre, und verfährt so, als ob dieser vermeintliche natürliche Index ein Signal wäre, das automatisch eine Fernwirkung auslösen könnte.

Man könnte vielleicht meinen, daß dies eine absurd komplizierte und jargonüberfrachtete Weise sei, etwas zu beschreiben, was schließlich auf der Hand liege. In gewisser Weise stimme ich zu. Aber die gedanklichen Assoziationen magischer Prozeduren sind kompliziert, und die logischen Fehler, die in ihnen stecken, sind längst nicht so evident, wie man manchmal meint. Wenn man die Stellen auffinden will, wo die »Fehler« auftreten, muß man die Kette der Assoziationen sehr sorgfältig durchgehen. Betrachten wir z. B. die Ähnlichkeiten zwischen unserem ethnologischen Beispiel und den folgenden uns weniger fremden Fällen:

1. *Politische Zauberei*

In vielen Teilen Lateinamerikas, Afrikas und Asiens ist der Militärputsch die übliche Form des Regierungswechsels, und in der Mehrheit der Fälle kommt es dabei kaum zu Blutvergießen. Der Aufstand ist in wenigen Stunden beendet, und die Führer der abgesetzten Regierung ziehen sich in ein komfortables Exil zurück. Der formale Ablauf des Putschs ist hochgradig standardisiert: Militär greift den Präsidentenpalast an, mit Vorliebe während einer Abwesenheit des Präsidenten, über den Rundfunk werden Aufrufe an das Volk erlassen (die obligatorischen Zaubersprüche) usw.

Der Hauptunterschied zum ersten Beispiel besteht darin, daß das *Haar* des Opfers durch seinen *Palast* ersetzt wird. Und der Putsch ist mehr eine Ausdrucks- als eine technische Aktivität – aber er ist in der Mehrheit der Fälle erfolgreich. Man sollte also nicht meinen, daß Magie und Zauberei nie wirken!

2. *Techno-Magie im Haushalt*

Man geht in ein Zimmer und bemerkt neben der Tür ein bekanntes, schalthebelähnliches Gebilde. Man betrachtet dies als ein

Zeichen dafür, daß es in diesem Zimmer elektrisches Licht gibt. Durch lange Erfahrung ist man zu dem Glauben gekommen, daß dieses Zeichen als Signal behandelt werden kann, und man betätigt den Schalter in der Erwartung, daß jetzt irgendwo im Zimmer eine Lampe angehen wird.

Der größere Teil der komplexen Annahmenkette, die bis zu dieser Erwartung führt, könnte nur mit beträchtlichen Schwierigkeiten verifiziert werden. Es ist Gewohnheit und nicht technisches Wissen, was uns dazu bringt, Lichtschalter als Signale zu behandeln; und wenn in diesem Beispiel nicht die verbale Zauberformel fehlte, wäre es gar nicht einfach, zwischen dem Lichtanknipsen und echten magischen Aktivitäten zu unterscheiden.

Ich will damit nicht sagen, daß wir das Lichtanknipsen als magischen Akt verstehen *sollten*, sondern nur, daß Sir James Frazer hier von einem magischen Akt hätte sprechen *müssen*, wenn er wirklich konsequent gewesen wäre. Die Absicht dieser Handlung ist technisch, *vielleicht* auch ihre Konsequenzen, aber ihr aktueller Vollzug ist eine Ausdruckshandlung.

Und weil unser Alltagsverhalten so voll von derartigen logischen Mehrdeutigkeiten ist, lohnt es die Mühe, sich über diese Unterscheidungen zwischen Signalen, Zeichen und Symbolen klarzuwerden. Es handelt sich bei ihnen nicht um bloße Pedanterie. Gewiß werden diese drei Typen aus der Kommunikationsdyade ständig durcheinandergebracht; aber es lohnt sich, wenn einem die formalen Unterscheidungen klar sind, weil wir es mit ihrer Hilfe – und indem wir uns der Mehrdeutigkeit verweigern – schaffen, die Welt so wahrzunehmen, wie wir es tun.

Wenn der Leser hier noch zweifelt, sollte er versuchen, *detailliert* zu erläutern, warum es sich bei dem Hokuspokus des Zauberers mit dem Haar seinem Empfinden nach um »Magie« handelt und beim Lichtanknipsen nicht.

7. Das symbolische Ordnen der von Menschen erschaffenen Welt: Die Grenzen des sozialen Raums und der sozialen Zeit

Entscheidend wichtig wird an diesem Punkt der Diskussion, daß unsere subjektive Wahrnehmung unserer Umwelt wesentlich von den verbalen Kategorien beeinflußt wird, die wir zu ihrer Beschreibung verwenden. Die Szenerie einer modernen Großstadtstraße ist in allen Einzelheiten etwas von Menschen Gemachtes, und nur weil alle Dinge, die hier zu beobachten sind, Eigennamen haben, symbolisch etikettiert sind, können wir erkennen, um was es sich handelt. Und dies gilt für alle menschlichen Kulturen und Gesellschaften. Wir verwenden die Sprache, um das Kontinuum des Sichtbaren in Objekte mit Bedeutung und in Personen mit distinkten Rollen zu zerlegen. Aber wir verwenden die Sprache auch, um die so gewonnenen Einzelkomponenten wieder miteinander zu verknüpfen, um Dinge und Personen miteinander in Beziehung zu setzen. Und wie mein erstes Beispiel in diesem Buch (gegen Ende von Kapitel 1) über das Geschenkemachen zeigt, gibt es diese Doppelfunktion der symbolischen Aktivität beim nichtverbalen ebenso wie beim verbalen Verhalten.

Dieser Punkt ist auch an der von mir gelieferten Kontextdefinition (s. S. 23) der *Zeichen* erkennbar. Alle Zeichen und die meisten Symbole und Signale bilden zusammenhängende Klassen. Bedeutungen werden durch Kontraste bestimmt. Rotlicht bedeutet »Halt!«, Grünlicht bedeutet »Freie Fahrt!«, aber nur, wenn sie an einer Ampel Kontraste bilden und sich an der richtigen Stelle befinden, etwa an einer Straßenkreuzung. Wir erkennen Lichtschalter an ihrer Gestalt und an dem Ort, wo sie angebracht sind, und können sie so von ähnlichen Gebilden wie Türgriffen und Fenstergriffen unterscheiden, die im gleichen allgemeinen Kontext vorkommen. Wenn wir jedoch das gleiche Objekt mitten auf der Straße liegen sähen, würden wir nicht erwarten, daß es sich um einen funktionierenden Lichtschalter handelt. Einer der Fehler, die der Zauberer unseres Beispiels macht, besteht ja eben darin, daß er diese Unterscheidung nicht berücksichtigt und nicht einsieht, daß das von ihm benutzte Haar dadurch, daß es sich nicht mehr innerhalb seines ursprünglichen Kontexts – nämlich auf dem Kopf des Opfers – befindet, seine »Bedeutung« verändert hat.

Wenn wir (verbale oder nichtverbale) Symbole verwenden, um Klassen von Dingen oder Aktivitäten voneinander zu unterscheiden, schaffen wir künstliche Grenzen innerhalb eines Bereichs, der »von Natur aus« kontinuierlich ist. Über diesen Begriff der *Grenze* müssen wir jetzt nachdenken.

Im Prinzip haben Grenzen keine Dimensionen: Mein Garten stößt direkt an den meines Nachbarn, Frankreich stößt direkt an die Schweiz usw. Wenn die Grenze jedoch auf dem Boden markiert wird, nimmt diese Markierung selber einen gewissen Raum in Anspruch. Benachbarte Gärten werden durch Hecken oder Zäune voneinander getrennt, benachbarte Nationen durch Streifen von »Niemandsland«. Es liegt in der Natur solcher Grenzmarkierungen, daß sie Mehrdeutigkeiten involvieren und eine Quelle von Konflikten und Ängsten sind.

Dieses Prinzip, daß Grenzen immer *künstliche* Unterbrechungen von etwas von Natur aus Kontinuierlichem sind, und daß die Mehrdeutigkeit, die Grenzen als solchen innewohnt, eine Quelle von Ängsten ist, gilt für die Zeit ebenso wie für den Raum.

Der biologische Zeitablauf unserer körperlichen Erfahrung ist kontinuierlich – wir werden einfach immer älter. Um dieser Erfahrungszeit eine Ordnung geben zu können, müssen wir Uhren und Kalender konstruieren, die dieses Kontinuum zerstückeln – in Sekunden, Minuten, Stunden, Tage und Wochen. Jedes dieser Zeitsegmente hat seine Dauer, aber die Intervalle zwischen ihnen haben (wie die Taktstriche auf einem Notenblatt) begrifflich keine Dauer. Sobald wir jedoch diese begriffliche Zeit durch Aktivität in soziale Zeit übersetzen, nimmt jedes dieser »ausdehnungslosen Intervalle« selber Zeit in Anspruch.

So handelt es sich z. B. begrifflich beim Übergang von »unverheiratet« zu »verheiratet« einfach um einen Austausch der Kategorien, aber auf dem Niveau des sozialen Handelns erfordert dieser Übergang ein Ritual, ein Überschreiten sozialer Grenzen, das sich in einer »Niemandszeit« abspielt.

Dies ist ein ganz einfaches Beispiel, aber die Analogie zwischen der Segmentierung des sozialen Raums und der Segmentierung der sozialen Zeit reicht weiter und gilt wesentlich allgemeiner. Soziale Raumgrenzen treten noch in zahlreichen anderen Kontexten außer denen des Grundbesitzes und der Staatengrenzen auf, vor allem bei den mannigfaltigen Arten, wie man zwischen »kultivierten« und bewohnbaren Gebieten und der »Wildnis« unterscheidet, zwischen Stadt und Land, zwischen heiligen Bezirken und profanen Wohnbereichen usw.; ähnliches gilt auch für die Begrenzungen innerhalb der sozialen Zeit.

Wir können dies am leichtesten an der Art und Weise sehen, wie wir unsere normalen Aktivitäten zeitlich gliedern. Jede Arbeitswoche, die vom Montag bis zum Sonnabend normal abläuft, wird von der nächsten durch den Sonntag getrennt, einen nichtnormalen, »geheiligten« Feiertag, dessen Hauptmerkmal darin besteht, daß nichts passiert. Und ähnlich verhält es sich beim normalen 24-Stunden-Tag: Die normale »Arbeitszeit« wird durch »Freizeitperioden« unterbrochen, die nicht »mitzählen«, faktisch aber mit Schlafen und Essen verbracht werden.

Dieses Prinzip gilt auch für den Gesamtablauf des anerkannten sozialen Lebens eines Individuums: Es geht in diskontinuierlichen Sprüngen von einem sozialen Status in den nächsten über – von der Kindheit ins Erwachsenenalter, vom Ledigen- in den Verheiratetenstatus, vom Kranken- zum Gesundenstatus, vom Leben zum Tod. Das Innehaben eines jeden Status konstituiert einen sozialen Zeitabschnitt, soziale Dauer; das Ritual jedoch, das den Übergang markiert – Pubertätsritual, Eheschließung, Heilungsritual, Begräbnis – konstituiert jeweils ein Intervall sozialer Zeitlosigkeit.

Diese allgemeine Diskussion der räumlichen und zeitlichen Grenzen impliziert eine ganze Serie fundamentaler metaphorischer Äquivalenzen, nämlich: Normal/nichtnormal = zeitlich/zeitlos = klarumrissene Kategorie/mehrdeutige Kategorie = im Zentrum/am Rande = profan/heilig.

Grenzen trennen soziale Raum-Zeit-Zonen, die je für sich *normal*, *zeitlich*, *klarumrissen*, *zentral* und *profan* sind, die räumlichen und zeitlichen Markierungen jedoch, die die Grenzen bilden, sind *nichtnormal*, *mehrdeutig*, *am Rande* und *heilig*.

Aber warum ist das »Heilige« »nichtnormal, zeitlos, mehrdeutig und marginal?« Vielleicht kann uns das Euler-Diagramm von Abb. 4 helfen, dies zu veranschaulichen. Es besteht immer eine gewisse Unsicherheit darüber, wo genau der Rand der Kategorie A in den Rand der Kategorie Nicht-A übergeht; und immer wenn wir innerhalb eines einheitlichen (räumlichen oder zeitlichen) Bereichs Kategorienunterscheidungen vornehmen, kommt es auf die Grenzen an; wir konzentrieren uns auf die Unterschiede, nicht die Ähnlichkeiten, und so kommen wir zu dem Gefühl, daß die Grenzmarkierungen einen besonderen Wert haben – »heilig« bzw. »tabu« sind (vgl. Leach 1964).

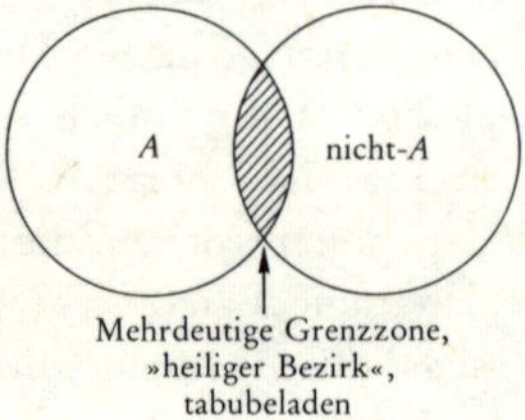

Abbildung 4

Das Überschreiten von Grenzen und Schwellen wird überall durch Rituale abgesichert und ebenso der Übergang von einem sozialen Status in einen anderen.

Ich werde auf die psychologischen Wurzeln dieser Kulturuniversalien und die Vielfalt der partikulären Muster, zu denen sich diese allgemeinen Prinzipien ausformen, in den späteren Kapiteln noch eingehen (vgl. vor allem Kap. 13 (d), 16 und 17). Hier möchte ich nur zwei Punkte hervorheben. Der erste ist, daß in allen Gesellschaften die große Mehrheit der gesellschaftlichen Zeremonien aus »Übergangsriten« besteht, durch die das Überschreiten der Grenze zwischen zwei sozialen Kategorien markiert wird: Pubertätsrituale, sonstige Initiationsriten, Eheschließungen und Begräbnisse sind die augenfälligsten Beispiele.

Und zweitens möchte ich betonen, daß dieser ganze Prozeß der Zerlegung der Außenwelt in benannte Kategorien und des Arrangierens dieser Kategorien nach unseren gesellschaftlichen Bedürfnissen nur dadurch möglich ist, daß wir – obwohl unsere Fähigkeit, die reale Außenwelt zu verändern, sehr begrenzt ist – doch über eine nahezu unbegrenzte Fähigkeit verfügen, die internalisierte Version der Außenwelt in unseren Köpfen spielerisch umzuformen. Ich habe diesen Punkt bereits in Kapitel 3 bei der Diskussion der Sinnesbilder erwähnt, aber wir werden noch ausführlicher auf ihn eingehen müssen.

8. Die materielle Darstellung abstrakter Ideen: Rituelle Kondensation

Es wird höchste Zeit für mich, den Leser zu überzeugen, daß die hochgradig abstrakten und formalistischen Argumente, die ich bis jetzt vorgeführt habe, bei der Analyse des ethnographischen Materials, mit dem Anthropologen es faktisch zu tun haben, eine praktische Anwendung finden können. Das folgende Kapitel soll einen ersten Schritt in dieser Richtung bringen.

Im 3. Kapitel habe ich bereits bemerkt, daß zwar viele Begriffe den »geistigen Aspekt« von Sinnesbildern darstellen, die ihrerseits als kulturell bedingte Response auf Objekte und Vorgänge der Außenwelt zu verstehen sind, daß diese Kette aber auch häufig in der Gegenrichtung verläuft, d. h. daß wir abstrakte Ideen im Kopf erzeugen (z. B. den Gegensatz Gut-Böse) und dann diesen Abstraktionen eine manifeste Gestalt geben, indem wir sie auf die Außenwelt projizieren (so daß z. B. aus dem Gegensatz Gut-Böse der Gegensatz Weiß-Schwarz wird).

Dies bildet einen höchst wichtigen Bestandteil unseres normalen Denkens und Berechnens. Indem wir Ideen, Geistesprodukte (»Mentefakte«) in materielle Objekte »da draußen« umsetzen, verleihen wir ihnen (relative) Dauerhaftigkeit, und in dieser dauerhaften Gestalt können wir mit ihnen technische Operationen vornehmen, für die rein innergeistige Gebilde nicht beständig genug sind. Es handelt sich hier um den gleichen Unterschied wie zwischen Kopfrechnen und dem Rechnen mit Papier und Bleistift oder einem Taschencomputer.

Für den Anthropologen ist der wichtigste Bereich, in dem ein solches Auf-materielle-Symbole-Bringen in Erscheinung tritt, der Bereich des religiösen Rituals. Alle metaphysischen Entitäten sind ursprünglich chaotische Ideen »im Geist«; wenn wir über Ideen, wie sie z. B. durch die Wörter »Gott« oder »Geister« repräsentiert werden, klar denken wollen, müssen wir sie veräußerlichen, externalisieren. Und wir können dies auf zwei Weisen tun: (I) indem wir Geschichten (Mythen) erzählen, in denen die metaphysischen Ideen durch die Aktivitäten übernatürlicher Wesen dargestellt werden, durch über das natürliche Maß hinaus vergrößerte Menschen und Tiere; (II) indem wir besondere materielle Objekte erschaffen, Gebäude und Räume, die als Darstellung der metaphysischen Ideen und ihrer geistigen Umwelt dienen. Offensichtlich sind (I) und (II) wechselseitig voneinander abhängig; das eine ist stets eine Metapher des anderen.

So wird z. B. die äußerst schwierige Idee der Gemeinschaft mit Gott in der christlichen Mythologie durch die Abendmahlsgeschichte repräsentiert, und diese Geschichte wiederum wird materiell vor dem Altar der Kirche dargestellt, wenn eine Messe oder Abendmahlsfeier in einer der zahlreichen existierenden Varianten begangen wird.

Dies veranschaulicht einen allgemeinen Prozeß, der allem religiösen Verhalten in allen menschlichen Gesellschaften gemeinsam ist, dennoch ist er immer noch paradoxiebeladen und eine ständige Quelle verwirrter Ängste auch bei den unmittelbar am Vorgang Beteiligten. Wenn rituelle Objekte (ein Kreuz, ein Madonnenbild, Brot und Wein des Abendmahlssakraments) *im rituellen Kontext* als materielle Repräsentanten des Göttlichen fungieren, gewinnen sie die Aura der Heiligkeit, die ursprünglich nur dem innergeistigen metaphysischen Begriff eigen war. Weil sie nun aber auch nach Beendigung des Rituals, das ihre Heiligkeit überhaupt erst erzeugt hat, weiterexistieren, kann es zu theologischen Disputen darüber kommen, ob die Heiligkeit, die sie im rituellen Kontext besessen haben, auch in nicht-rituellen Kontexten erhalten bleibt.

So wurde während der Reformation von den Protestanten den Katholiken der Vorwurf der Idolatrie gemacht, weil sie Reliquien und Heiligenbilder verehrten und Brot und Wein nach der Messe sorgfältig aufbewahrten.

Und wenn christliche Missionare auf »primitive« Religionen treffen, bei denen Altäre nach Bedarf errichtet und nach dem Ritual einfach verlassen werden, neigen sie dazu, dies als ein Symptom religiöser Oberflächlichkeit zu deuten – weil sie als Christen von der kulturellen Grundannahme ausgehen, daß religiöse Rituale sich in einem dauerhaften, eigens errichteten sakralen Gebäude, einem »richtigen Gotteshaus« abspielen müßten.

Die linguistischen und proto-linguistischen Probleme, die solchem Verhalten zugrunde liegen, sind bereits in Kapitel 3 diskutiert worden, implizit auch schon im Kapitel 2, wo ich mit Hilfe des Begriffs »Kontext« zwischen *Zeichen* und *Symbol* unterscheide. Der Begriff »Kontext« ist wohl, ähnlich wie der von anderen Autoren (Barthes 1967, Mulder und Hervey 1972) verwandte Begriff »semiotisches System«, allzu vage, läßt sich aber durch Beispiele verdeutlichen. Bei Abb. 2 ist klar, daß es sich bei dem Verhältnis – zwischen Z – dem Objekt oder Vorgang in der Außenwelt – und X – »dem Begriff im Geist« – um ein *Bedeutungsverhältnis* handelt, aber es ist klar, daß es sich hier um ein anderes Bedeutungsverhältnis handelt als das, welches uns in der Gleichung »2 + 2 = 4« begegnet, in der nur abstrakte Gebilde auftreten, oder das in dem Satz »Rauch ist ein Anzeichen für Feuer«, wo *Rauch* und *Feuer* gleichermaßen Außenweltobjekte sind. Bei beiden Beispielen gehören die Gebilde, die zueinander in Beziehung stehen – im ersten Fall die Zahlbegriffe und im zweiten Rauch und Feuer – dem gleichen Kontext an. Im Gegensatz dazu wird bei Abb. 2 das beobachtbare Objekt Z in die Abstraktion X transformiert (oder umgekehrt); X und Z gehören unterschiedlichen Kontexten an.

Ich muß noch einmal an die strapazierte Abbildung 1 und die zugehörigen Definitionen erinnern: Es heißt da, daß wir es dort, wo zwei Entitäten A und B aus der Kommunikationsdyade dem gleichen Kontext angehören, mit *Zeichen* und *natürlichen Indices* zu tun haben und mit überwiegend *metonymischen* Beziehungen, während wir es mit *Symbolen* und überwiegend *metaphorischen* Beziehungen zu tun haben, wenn A und B zu verschiedenen Kontexten gehören.

Damit kommen wir wieder auf die Diskussion über den Lichtschalter und den Zauberer im Kapitel 6 zurück. Der springende Punkt ist, daß wir beim *Symbol*-(Metaphern-)Gebrauch, anders als bei *Signalen, natürlichen Indices* und *Zeichen*, unsere Phantasie benutzen, um zwei – materielle oder abstrakte – Gebilde (oder Gebildeklassen), die normalerweise zu unterschiedlichen Kontexten gehören, miteinander zu assoziieren. So ist z. B.

(1) »Der Löwe ist ein Tier« eine Aussage, die sich auf den normalen nichtmenschlichen Kontext »Natur« bezieht,

(2) »Der König ist der mächtigste Mann im Staat« eine Aussage, die sich auf den normalen menschlichen Kontext »Gesellschaft« bezieht, jedoch

(3) »Der Löwe ist der König der Tiere« eine symbolische (metaphorische) Aussage, die ihre Bedeutung aus dem Vermischen zweier Kontexte »im Geist« gewinnt.

Eine metaphorische Kontextvermischung dieser Art ist für alle materiellen Formen des religiösen Ausdrucks charakteristisch. Z. B. ist

(1) »Der Gott Schiwa ist die Quelle göttlicher Potenz« eine Aussage, die zum metaphysischen Kontext gehört,

(2) »Der Penis ist die Quelle animalischer Potenz« eine Aussage aus dem Kontext der Biologie,

(3) »Der *lingam* ist ein steinernes (oder hölzernes) Objekt, das die Gestalt eines Penis hat« eine Aussage, die zum Kontext »materielle Gegenstände« gehört und eine ikonische Beziehung zwischen *lingam* und Penis involviert, und

(4) die bekannte Aussage des Hinduismus »Der *lingam* ist der

Gott Schiwa«, erhält ihre Bedeutung dann durch das Vermischen der Kontexte (1), (2) und (3) »im Geist«.

Man darf nun nicht meinen, daß dies alles wäre, was zu diesem Thema zu sagen ist, aber wo immer die Idee der Gottheit durch ein materielles Objekt repräsentiert wird – einen *lingam*, ein Kreuz, einen Altar, ein Idol, eine Reliquie, ein heiliges Buch, ein Tempel – kommen irgendwo Metaphern-Metonymie-Transformationen und Kondensationen der geschilderten Art ins Spiel. Häufig wird es sich um sehr undurchsichtige symbolische Gleichsetzungen handeln, aber selbst wenn die Gläubigen das System gar nicht verstehen, hat ihr Wahnsinn doch Methode. Wenn man die Sache nur systematisch in Angriff nimmt, muß es – bis zu einem gewissen Punkt – immer möglich sein, die vorliegende Vercodung zu entschlüsseln. Und genau dies ist eine der Hauptaufgaben der Sozialanthropologie. Die einzige Rechtfertigung, die es für die Verwendung des Jargons der Metaphern und Metonymien in diesem Buch gibt, ist, daß er eine solche partielle Entschlüsselung ermöglicht.

Das klassische Beispiel für die Art von Problem, um die es hier geht, ist der australische Totemismus, über den sich die Anthropologen gestritten haben, seitdem um die Mitte des letzten Jahrhunderts die ethnographischen Fakten zum ersten Mal berichtet worden sind. Es geht beim Totemismus offensichtlich um die religiöse Verehrung von Pflanzen- und Tierarten, und das erscheint absurd. Was für eine Gedankenverkettung könnte ein derartiges Verhalten plausibel erscheinen lassen?

Ich würde meinen, daß die entsprechenden metaphorischen Kondensationen vom Standpunkt eines Angehörigen einer australischen Totemgruppe etwa so aussehen:

(1) »*Wir* sind Angehörige einer bestimmten sozialen Gruppe, weil wir alle von ein und demselben Ahnen abstammen« ist ursprünglich »eine Idee im Geist«.

(2) Ebenso ist »*Sie* gehören alle einer bestimmten sozialen Gruppe an, weil sie von einem gemeinsamen Vorfahren abstammen« ursprünglich »eine Idee im Geist«.

(3) »Diese hellen Vögel sind Habichtsadler und die schwarzen

da Krähen« sind Klassifikationsaussagen, die in den Kontext der außermenschlichen Natur gehören.

(4) »*Wir* unterscheiden uns von *ihnen* wie Habichtsadler von Krähen« ist eine simple Metapher.

(5) »Wir sind Habichtsadler, weil unser Urahne ein Habichtsadler war, und sie sind Krähen, weil ihr Urahne eine Krähe war« ergibt sich »logisch« aus der Kondensation von (1), (2), (3) und (4).

Soweit beinhaltet der Totemismus wenigstens primär nur ein System der sozialen Klassifikation. Soziale Gruppen innerhalb der Gesellschaft werden analog zu den Unterschieden zwischen verschiedenen Tierarten voneinander unterschieden. Dieser Aspekt, der von Lévi-Strauss ausgeführt worden ist (1965), berücksichtigt jedoch noch nicht die religiösen Einstellungen, die hier mitspielen. Sie sind über weitere Kondensationen zu erreichen:

(6) »Wir und sie leben ein zeitlich begrenztes gewöhnliches Leben, Ereignisse geschehen nacheinander, alles, was lebt, muß sterben« ist eine Aussage über die normale Erfahrung.

(7) »Wenn wir nicht sterben müßten, würden die Ereignisse nicht nacheinander geschehen, das Geschehen wäre zeitlos, wie in einem Traum« ist eine logische Ableitung aus (6), in die die folgenden Gegensatzpaare eingehen:

Normale Zeit/Traumzeit: Anfang → Ende/Anfang=Ende: Leben → Tod/Leben=Tod: die Ahnen existieren nicht mehr/die Ahnen existieren noch: wir sind sterblich (Menschen)/die Ahnen sind unsterblich (Götter).

(8) »Indem wir eine rituelle Einstellung gegenüber Habichtsadlern (Krähen) an den Tag legen, bezeugen wir (sie) Verehrung gegenüber unseren (ihren) Ahnen, die Götter sind und jetzt in der Traumzeit existieren« ergibt sich als Kondensation aus (5), (6) und (7).

Die ersten überlieferten ethnographischen Beschreibungen des australischen Totemismus entsprechen denn auch ziemlich genau der Formulierung (8).

Ich bin zwar überzeugt, daß alle Arten von religiösen Ritualen vergleichbare mehrfache Kondensationen involvieren, möchte aber doch hinzufügen, daß ein schrittweises Entschlüsselungsverfahren, wie ich es eben vorgeführt habe, einen irreführenden Eindruck von dem vermittelt, was im Kommunikationsprozeß wirklich vor sich geht.

Denn weil die Analyse eine verbale, metonymische Form haben muß, bei der eins auf's andere folgt, vermittelt sie den Gesamteindruck, daß wir es mit etwas ungeheuer Komplexem und total Unzusammenhängendem zu tun haben. Tatsächlich aber partizipieren die Teilnehmer an einem Ritual durch eine Vielzahl von Sinneskanälen gleichzeitig am Kommunikationserlebnis; sie vollführen eine geordnete Abfolge von metaphorischen Ereignissen innerhalb eines räumlichen Territoriums, das selbst als metaphorischer Kontext für die Handlung eingerichtet ist. Verbale, musikalische, choreographische und visuell-ästhetische »Dimensionen« sind zumeist gleichermaßen an der »Gesamtbotschaft« beteiligt. Wenn wir selber an einem solchen Rituale teilnehmen, nehmen wir all diese Einzelbotschaften gleichzeitig auf und verdichten sie zu *einem* Erlebnis, das wir dann als »an einer Hochzeit (bzw. Beerdigung) teilnehmen« beschreiben. Der Analytiker dagegen muß sich mit diesen Dimensionen einzeln und nacheinander beschäftigen, und so wird es für ihn fast unmöglich, eine wirklich *überzeugende* Darstellung von der Art und Weise zu geben, wie die einander überlagernden Dimensionen sich zu einer einheitlichen Botschaft kombinieren.

Auf diesen Punkt habe ich schon in Kapitel 5 hingewiesen, als ich zeigte, daß – eben weil es einige Zeit dauert, einen Mythos zu erzählen oder ein Ritual zu vollführen – es nicht leicht ist einzusehen, daß Episoden, die am Anfang stehen, in einem unmittelbaren Verhältnis zu Episoden stehen können, die erst gegen Ende vorkommen. Hier wäre dem nun noch die weitere Komplikation hinzuzufügen, daß der Empfänger einer rituellen Botschaft durch eine Vielzahl von Sinneskanälen gleichzeitig Informationen aufnimmt, diese jedoch insgesamt wieder eine einzige »Botschaft« bilden.

Und ich denke an Kondensationen und Assoziationen dieser

Art, wenn ich meine, daß die Aufführung eines Musikstücks durch ein Orchester bis zu einem gewissen Grade ein hilfreiches Modell für das abgibt, was sich bei rituellen Abfolgen jeder Art abspielt.

9. Die Orchesteraufführung als Metapher für rituelle Abfolgen

Lévi-Strauss, der soviel zu unserem Verständnis nichtsprachlicher Kommunikationsformen beigetragen hat, verweist ständig auf die strukturelle Ähnlichkeit zwischen Mythen und Musik. In einer seiner berühmten und charakteristisch dunklen Sentenzen heißt es: »Der Mythos und das musikalische Werk erscheinen so als die Dirigenten eines Orchesters, dessen Zuhörer die stummen Spielenden sind« (Lévi-Strauss 1971, S. 33). Was in aller Welt hat er damit sagen wollen?

Zunächst einmal stellt er einfach fest, daß in der kulturellen Kommunikation Sender und Empfänger einer Botschaft häufig die gleichen Menschen sind. Wenn wir an einem Ritual teilnehmen, sagen wir uns selber etwas. Aber ein und dieselbe Verhaltensabfolge kann für verschiedene Menschen Verschiedenes bedeuten. Im großen und ganzen sind die Mythen und Riten aller christlichen Sekten und Konfessionen gleich, aber ihre Bedeutung ist leidenschaftlich umstritten.

In dem sehr komplizierten Musikvergleich von Lévi-Strauss steckt jedoch noch viel mehr. Wir können mit Hilfe einer etwas vereinfachten Fassung gleichsam zu einem Konzentrat der gesamten voraufgegangenen Überlegungen kommen.

Erinnern wir uns zunächst an die Äquivalenzenreihe, die ich gegen Ende des Kapitels 2 aufgestellt habe! Ungefähr (wenn auch nicht ganz genau) sah sie so aus: Symbol/Zeichen = Metapher/Metonymie = paradigmatische Assoziation/syntagmatische Verkettung = Harmonie/Melodie. In einem Musikstück sind die melodischen Elemente (Einzelnoten und nacheinander gespielte Phrasen) durch Metonymie miteinander verknüpft, die harmonischen Elemente (die die Transposition einer Phrase von einem zu einem anderen Instrument ermöglichen) durch eine metaphorische Beziehung.

Zweitens müssen wir uns hier an die Gesamtabsicht dieses Buchs erinnern: Wir versuchen den Prozeß zu verstehen, bei dem durch eine Kombination verbaler und nichtverbaler Mittel Information zwischen Menschen übermittelt wird. Bei einer derartigen Analyse beginnen wir notwendigerweise damit, eine Vielzahl von Kommunikationskanälen zu unterscheiden, durch die Botschaften übermittelt werden können, und eine Vielzahl von Assoziationsweisen, durch die die Elemente der Botschaften miteinander verknüpft sein können.

Aber wir dürfen dabei natürlich nicht vergessen, daß zuguterletzt die Sinneseindrücke, die den Empfänger erreichen, ungeachtet aller struktureller Komplikationen und aller Mehrdeutigkeiten und polysemischer Implikationen, als eine einzige, einheitliche Botschaft aufgefaßt werden. Außerdem hat die Botschaft als Ganzes ungeachtet des Umstands, daß ihre Übertragung Zeit in Anspruch nimmt, eine innere Einheit; ihr Ende ist im Anfang bereits implizit enthalten, und ihr Anfang setzt das Ende bereits voraus. Lévi-Strauss hat einmal bemerkt, daß es sich bei Mythen und Musikstücken in gleicher Weise um »Maschinen zur Außerkraftsetzung der Zeit« handle; und genau das Gleiche kann man von rituellen Sequenzen ganz allgemein behaupten.

Und nun zu meinem Vergleich, einer modifizierten Fassung des Musikvergleichs von Lévi-Strauss!

Wenn ein Orchester (z. B.) eine Symphonie von Beethoven aufführt, involviert dies ein hochgradig komplexes Kommunikationssystem, zu dem die folgenden Elemente gehören:

(1) Zunächst einmal die vollständige Orchesterpartitur, wie sie ursprünglich von Beethoven geschrieben und später ediert worden ist. Es handelt sich bei ihr um einen materiellen Ausdruck der Musik, die Beethoven als Sinnesbilder »im Geist gehört« hat, um sie dann als komplexe Markierungen auf Notenblättern festzuhalten. Das Lesen der Partitur orientiert sich an zwei Achsen: (I) Horizontal wird der Text linear von links nach rechts gele-

sen und beschreibt die Phrasen und Melodien, die jeweils von einem bestimmten Instrument zu spielen sind;

(II) Vertikal muß der Text synchron gelesen werden und beschreibt die harmonischen Klangkombinationen, die durch das gleichzeitige Spiel verschiedener Instrumente hervorgebracht werden.

Außerdem enthält die Partitur auch noch Hinweise, die dem Dirigenten die Interpretation erleichtern sollen.

Die Symphonie im ganzen ist in »Sätze« unterteilt, die untereinander mehr durch ästhetische als durch manifeste Assoziationen verbunden sind. Themen aus einem Satz werden in den anderen Sätzen unmittelbar oder in transponierter Form wiederholt. Für den musikalischen Zuhörer bilden die einzelnen Phrasen, die Sätze und die Symphonie als Ganzes ein System miteinander verknüpfter Einheiten. Die Aufführung dauert unter Umständen eine ganze Stunde, aber die Botschaft wird aufgenommen, als ob alles gleichzeitig geschähe.

(2) Neben der Orchesterpartitur gibt es für die einzelnen Instrumente – Flöten, Oboen, Erste Geige, Zweite Geige, Hörner, Pauken usw. – Partiturauszüge, die die oben unter (I) gekennzeichnete lineare, »melodische« Form haben. Jedoch haben die Töne, die das einzelne Instrument danach hervorbringt, keinen musikalischen Sinn. Nur wenn alle Instrumente nach den durch Gebärdensprache übermittelten Anweisungen des Dirigenten zusammenspielen, ergibt sich ein musikalischer Sinn.

(3) Jeder einzelne Musiker liest seinen Auszug mit den Augen und setzt die schriftlichen Anweisungen in komplexe Bewegungen der Arme, Finger, Lippen usw. um, je nachdem, welches Instrument er spielt.

(4) Der Dirigent verfährt ähnlich; er muß dabei jedoch in mehreren Dimensionen gleichzeitig denken und sowohl die lineare, diachronische Folge der Musik im Blick behalten als auch auf das Einhalten der Tempi bei den verschiedenen Instrumenten achten, das die harmonischen Kombinationen produziert.

(5) Die Tonvielfalt, die infolge dieser Kombinationen von visuellen und manuellen Operationen entsteht, breitet sich vom Or-

chester her in Gestalt von Schallwellen aus. In dieser Gestalt erreicht sie die Ohren der einzelnen Zuhörer und wird von ihnen wieder in einen »geistigen Eindruck« von der Musik übersetzt, der (wie man hoffen darf) nicht zu weit von der Botschaft entfernt ist, die Beethoven ursprünglich übermitteln wollte.

Dieses Beispiel ist unter mehreren Gesichtspunkten ein gutes Muster für rituelle Prozesse im allgemeinen. Zuerst: Es geht dem Publikum um das, was die Orchestermusiker und der Dirigent gemeinsam tun. Der Sinn der Musik besteht nicht in dem, was die einzelnen Instrumente für sich spielen, sondern in ihrem gemeinsamen Spiel, in den Beziehungen, die zwischen den Einzelinstrumenten erkennbar werden, in der Art und Weise, wie bestimmte Klangmuster in unterschiedlichen aber untereinander verwandten Gestalten auftauchen.

Genauso verhält es sich mit allen Ausdrucksaktivitäten. Unter analytischem Gesichtspunkt mag es nützlich sein, bei jedem menschlichen »Nachrichtenübermittlungssystem« wenigstens drei Arten von Elementen zu unterscheiden, nämlich Signale, Zeichen und Symbole; aber in der Praxis verwischen sich diese Unterschiede und gehen ineinander über: Zeichen werden zu Symbolen, Symbole zu Zeichen, beide maskieren sich als Signale, usw.

Aber auch eine Differenz muß bei unserem Modell konstatiert werden: Bei gewöhnlichen, kulturell definierten Ritualen gibt es keinen »Komponisten« – außer natürlich den mythischen Vorfahren. Das Ritual verläuft nach einem Muster, das von der Tradition festgelegt worden ist – »so ist es bei uns Brauch«. Einen »Dirigenten« gibt es dagegen meist – einen Zeremonienmeister, Oberpriester oder Protagonisten –, der durch sein Verhalten die zeitlichen Markierungen für den Ablauf setzt. Und es gibt kein in Distanz verharrendes Publikum, Handelnde und Publikum sind identisch. Wir betätigen uns in Ritualen, um uns selber kollektive Botschaften zu übermitteln.

10. Die physiologische Basis von Zeichen- und Symbolklassen

Ich habe gerade davon gesprochen, daß Zeichen und Symbole »sich als Signale maskieren«, und bin schon im 4. Kapitel am Beispiel des Pawlowschen Hunds auf diesen Punkt eingegangen, möchte ihn jetzt aber doch noch etwas ausführlicher behandeln.

Signale gehören noch mit zur tierischen Seite unserer Natur und sind deshalb unbestreitbar die fundamentalste Komponente unseres Kommunikationssystems – denn Kulturmechanismen, wie komplex sie auch sein mögen, müssen ja immer auf einer biologischen Basis aufbauen. Einige der Signalisierungs-Mechanismen, die sich in Körperreaktionen manifestieren, sind ohne weiteres zu durchschauen, bei anderen jedoch kommt es zu umfänglichen Kontroversen, unter anderem dann auch über die Frage, wo der »Instinkt« aufhört und die »Kultur« beginnt.

Lächeln, Weinen, Lachen sind universelle Bestandteile im Inventar des kindlichen Ausdrucksverhaltens. Beim Küssen scheint es sich um eine Modifikation des Saugens zu handeln. Die Peniserektion ist eine Reaktion männlicher Erwachsener auf eine Vielzahl erotischer Reize. Bewegungen der Augen und der Augenlider signalisieren Wiedererkennen. Wut, Angst und Scham sind als »Emotionen« der psychologische Reflex physischer Reaktionen, die vermutlich bei der ganzen Spezies Mensch anzutreffen sind.

Unter den entsprechenden Umständen können fast alle solchen automatischen Reaktionen zur Übermittlung »kulturell anerkannter Botschaften« benutzt werden. So »bedeutet« z. B. Lachen nach nordeuropäischen Konventionen Freude, Weinen »bedeutet« Schmerz und Trauer, und Küssen »bedeutet« Liebe. Aber diese bewußten Assoziationen sind keine »menschlichen Universalien«, und manchmal hat sich die Symbol- bzw. Zeichenbedeutung einer Aktivität vollkommen von dem Signal-Respons gelöst, an dem sie ansetzt.

Z. B. gehört ein formalisiertes Klageweinen in vielen Kulturen zum korrekten Verhalten der Trauernden bei einem Begräbnis, aber die offiziell Leidtragenden brauchen keineswegs die Personen zu sein, die durch den Todesfall emotional betroffen sind. Es gibt Fälle, wo es sich bei den Klagenden um gemietete Klageweiber handelt, die mit dem Toten überhaupt nichts zu tun hatten. Und es ist auch möglich, daß Lachen und Weinen in ein und demselben Kontext auftreten, so erwartet man z. B. bei einer chinesischen Hochzeit von den Verwandten der Braut, daß sie über deren Verlust weinen, während die Verwandten des Bräutigams ihrer Freude durch Lachen angemessenen Ausdruck geben.

Eine weitere Komplikation ergibt sich daraus, daß die Zurschaustellung von Emotionen meist besonders strengen Tabus unterliegt, so daß das, was gezeigt wird, unter Umständen etwas ganz anderes ist als das, was wirklich empfunden wird – und das wiederum kann ja selber schon mehrdeutig sein.

Eine eindrucksvolle Illustration hierzu bietet *Rivers of Sand* (»Flüsse aus Sand«), ein ethnographischer Film über die Hamar, den Robert Gardner kürzlich in Äthiopien gedreht hat. Das Hauptthema des Films ist die extreme ökonomische Unterworfenheit der Ehefrauen bei den Hamar. Diese Unterworfenheit wird bei verschiedenen rituellen Anlässen symbolisch dadurch zum Ausdruck gebracht, daß die jungen Männer des Stammes ihre prospektiven Bräute auspeitschen. Man kann im Film deutlich erkennen, daß in diesen Vorgang eine starke Komponente von sado-masochistischer Erotik hineinspielt; die jungen Mädchen unterwerfen sich der Mißhandlung mit unverkennbarer Erregung.

Die gleiche Art von Mehrdeutigkeit findet sich bei allen körperlichen Reaktionen. Alle Menschen verfügen über einen mehr oder minder gleichen Körperbau und die gleiche physiologische Ausstattung. Infolgedessen sind die Gesten und Grimassen, die wir absichtlich machen können, ein Restbestand aus unserer vormenschlichen evolutionären Vergangenheit, ehemals unbewußte Ausdrucksbewegungen. Wenn wir eine bewußte Geste machen wollen, müssen wir uns wohl oder übel mit dem behelfen, was uns von unserer körperlichen Beschaffenheit her zur Verfügung steht. Unsere motorischen Ausdrucksmöglichkeiten sind durch unsere biologische Ausstattung begrenzt, so daß bis zu einem gewissen Grade jede bewußte Bewegung (bzw. Nichtbewegung) als automatischer biologischer Respons, als natürliches Signal maskiert in Erscheinung tritt. Und selbstverständlich *kann* jeder derartigen Bewegung (oder Nichtbewegung) eine Bedeutung zugeschrieben werden, obwohl sie dann keineswegs auch immer diese Bedeutung hat, oder vielleicht auch unterschiedliche Bedeutung hat.

So wird z. B. Zustimmung oder Ablehnung häufig durch Kopfbewegungen zum Ausdruck gebracht. Aber wo ein Engländer nickt, würden manche Asiaten den Kopf zurückwerfen, und andere würden ihn um eine horizontale Achse von Seite zu Seite neigen.

In diesem Falle kann man allgemein nur sagen, daß es zu einer bejahenden Ausdrucksbewegung immer eine ziemlich ähnliche verneinende gibt (z. B. bei Europäern das Kopfnicken als Bejahung und das Kopfschütteln als Verneinung). Darüber hinaus gibt es jedoch zwei umfassendere Verallgemeinerungen, die sich aus der biologischen Basis der möglichen Körpersymbole ableiten lassen:

Erstens kann jeder Muskel, der gespannt werden kann, auch entspannt werden, *alle* unsere Bewegungen sind potentiell binär; ich kann zu jedem Schritt vorwärts auch einen Schritt rückwärts machen.

Und zweitens gibt es nur eine unvollkommene Symmetrie des menschlichen Körpers. Wenn man den Nabel als Mittelpunkt annimmt, entsprechen die Arme den Beinen, die Genitalien dem Kopf, die linke der rechten Körperhälfte. Aber dies sind kontrastierende Paarungen, keine identischen – ich kann meinen rechten Handschuh nicht auf die linke Hand ziehen. Die obere und untere, rechte und linke Körperhälfte eignen sich daher besonders zur Darstellung verwandter, aber entgegengesetzter Ideen – z. B. *gut* und *schlecht* –, und so werden sie auch (allerdings nicht universell) gebraucht.

Dies alles illustriert wiederum das Zentralprinzip, auf das ich ständig zurückkomme: *Die Indices nichtverbaler Kommunika-*

tionssysteme haben, wie die Phoneme der gesprochenen Sprache, isoliert für sich genommen keine Bedeutung, sondern nur als Elemente einer bestimmten Klasse. Zeichen und Symbole gewinnen nur dadurch Bedeutung, daß sie von anderen, zu ihnen im Kontrast stehenden Zeichen oder Symbolen unterschieden werden.

11. Kartenbilder: Raum und Zeit als Abbildungen voneinander

Ein gutes Beispiel für das am Schluß des letzten Kapitels formulierte allgemeine Prinzip sind die Landkarten.

In der Terminologie des zweiten Kapitels handelt es sich bei Landkarten um *Ikone*, um metaphorische Darstellungen der realen Landschaft mit Hilfe einer Vielzahl »geplanter Entsprechungen«, bei denen z. B. eine Straßenkurve der Krümmung einer Linie auf der Karte entspricht.

Andererseits kann man Karten aber auch als metaphorische Darstellungen von Zeit lesen; man kann sie benutzen, um »Tagesrouten« festzulegen, bei denen man nicht bloß zu einer Liste der Orte kommt, die man passieren muß, um von A nach B zu gelangen, sondern auch die Zeit abschätzen kann, die das in Anspruch nehmen wird.

In diesen beiden Hinsichten müssen wir die Karte als ein einheitliches Ganzes betrachten, das wir aber nur dann interpretieren können, wenn wir uns mit den untereinander abhängigen Bedeutungen einiger Dutzend konventioneller Zeichen vertraut gemacht haben, die auf dem Kartenblatt angeordnet sind.

Dies alles ist ein höchst komplexer Prozeß, und wenn wir bedenken, daß die einzelnen Zeichen auf der Karte keine lineare Folge bilden, wie die Buchstaben auf einer Druckseite oder die Noten auf einem Notenblatt, könnte es als eine bemerkenswerte Leistung erscheinen, daß wir überhaupt imstande sind, eine Landkarte zu lesen. Und doch ist das Anfertigen und Lesen von zweidimensionalen Landkarten fast allen Menschen bekannt, während das Lesen und Schreiben linearer Schriften eine besondere Leistung ist, die nur auf hohem sozialem und technischem Niveau anzutreffen ist.

Dieses scheinbare Paradox erklärt sich daraus, daß – wie wir bereits in Kapitel 7 gesagt haben – unsere gesamte soziale Umwelt »kartenähnlich« ist.

Wenn Menschen ein Haus bauen oder eine Siedlung anlegen, machen sie dabei von geometrischen Anordnungsweisen Gebrauch; und das scheint ebenso zur »Natur« des Menschen zu gehören wie sein Sprachvermögen. Wir *brauchen* Ordnung in unserer Umwelt.

Dieser Kontrast zwischen dem, was für den Menschen »Kultur« und was für ihn »Natur« ist, ist höchst augenfällig. Die sichtbare »wilde Natur« ist ein Durcheinander von Zufallskurven, in dem es keine Geraden und überhaupt nur wenige geometrische Gestalten gibt. Die »gezähmte«, von Menschen gemachte Welt der Kultur dagegen ist voll von Geraden, Rechtecken, Dreiecken, Kreisen usw.

Daraus folgt, daß der Kontrast zwischen der von Menschen gemachten »geometrischen Topographie« und der »natürlichen Zufallstopographie« selber ein metonymisches Zeichen für den umfassenderen allgemeinen Kontrast zwischen Kultur und Natur ist.

Nun handelt es sich aber bei der menschlichen Kultur nicht bloß um ein statisch-topographisches Arrangement der von Menschen gemachten Dinge, sondern auch um eine dynamische Folge segmentierter, zeitlich begrenzter Ereignisse, von denen jedes einem bestimmten Ort in dem von Menschen gemachten Raum zugeordnet ist. Schlafen, Waschen, Kochen, Essen, Arbeiten usw. sind nicht bloß sozial determinierte Aktivitäten, die in einer voraussagbaren Ordnung verschiedener Zeitpunkte auftreten, sondern auch Aktivitäten, die an verschiedenen, in voraussagbaren Klassen einander zugeordneten Orten stattfinden. Jeder solche Ort hat eine ganz bestimmte Funktion, die durch Tabus geschützt ist – das Verrichten der Notdurft in der Küche ist ebenso ein Sakrileg wie das Kochen auf dem Abort.

All dies fügt sich in eine Reihe von Unterscheidungen ein, die wir schon früher in unserem Jargon formuliert haben.

So habe ich am Anfang von Kapitel 2 zwischen *technischen Aktivitäten* (Dingen, die man tut) und *Ausdrucksaktivitäten* (Dingen, die man sagt) unterschieden, und später, in den Kapiteln 4 und 6, habe ich bei der Unterscheidung zwischen *Signal* und *Index* festgestellt:

(a) *Indices* sind statisch, *Signale* dynamisch;

(b) *Signale* involvieren immer zeitliche Ursache-Wirkung-Ketten, während *Indices* wohl für sich eine gewisse Übertragungszeit in Anspruch nehmen, aber dafür Botschaften ausdrücken, die keine Zeitdimension haben;

(c) *magische Handlungen* sind Indices, die sich als Signale ausgeben, die einem automatischen Ursache-Wirkung-Mechanismus angehören.

Nun haben wir es bei technischen Aktivitäten auch mit »zeitlichen Ursache-Wirkung-Ketten« zu tun; und wie wir bei der Diskussion der Frazerschen Magieauffassung (in Kapitel 6) schon gesehen haben, liegt es sehr nahe, eine als Signal maskierte magische Ausdruckshandlung mit einer ihrer Absicht nach technischen Handlung zu verwechseln.

Aus all diesem ergeben sich einige Verallgemeinerungen: Die materiell-topographischen Merkmale des (von Menschen gemachten und natürlichen) Raums, in dem sich rituelle Handlungen abspielen – also Gebäude, Wege, Wälder, Flüsse, Brücken usw. – konstituieren eine Klasse von *Indices* für solche metaphysischen Unterscheidungen wie »die diesseitige – die jenseitige Welt, säkular – heilig, niedriger – hoher Status, normal- nicht normal, lebendig – tot, potent – impotent«.

Die rituellen Handlungen selbst müssen wegen ihres dynamischen Charakters jedoch als *Signale* betrachtet werden, die automatisch eine Veränderung im (metaphysischen) Zustand der Welt auslösen.

Bei diesen Handlungen sind die Bewegungen der Teilnehmer von einem physischen Ort zum anderen und die Abfolge dieser

Bewegungen selber Bestandteil der Botschaft, unmittelbare Darstellungen der »Veränderung im metaphysischen Zustand«.

Solche Abfolgen (Sequenzen) können auf mehr als eine Weise Bestandteil der Botschaft sein. Eine besonders naheliegende ist die Transformation der Sequenz in eine Hierarchie, so daß z. B. der Anführer einer Prozession auch Anführer der sozialen Rangordnung ist. Allerdings liegen bei den Metaphern der Rangordnung die Dinge keineswegs immer so einfach.

12. Rangordnung und Orientierung

Jede Klassifikation, bei der die Klassen in der Folge 1, 2, 3... . aufgeführt werden, impliziert eine potentielle Rangordnung, der zufolge die erste Klasse nicht nur anders, sondern auch besser ist als die zweite Klasse.

Wir verwenden qualitative Unterscheidungen dieser Art aus allen möglichen Gründen. X kann sich von Y unterscheiden, weil es »besser«, »größer« und »schneller« ist, oder »teurer«, »stärker«, »älter« usw. usw. Es ist bei solchen qualitativen Aussagen unter Umständen schwierig zu entscheiden, wo die Beschreibung endet und die symbolische Aussage anfängt. Sollte z. B. ein Anthropologe auf Neuguinea, dem von einem Informanten gesagt wird, So-und-so sei ein großer Mann, daraus schließen, daß So-und-so über einen großen und kräftigen Körperbau verfügt, oder daß er ein politisch einflußreicher Mann ist, oder beides?

Qualitative Metaphern gehören nicht zu den menschlichen Universalien, aber es gibt hier dennoch bemerkenswerte Ähnlichkeiten zwischen verschiedenen Kulturen. So sind die politisch Einflußreichen sehr häufig »die da oben«, und »da oben« bedeutet dann unter Umständen, daß ihr Stuhl auf einem erhöhten Podest steht, oder daß sie an einem bestimmten Ende der Speisetafel sitzen, weil sich dort »der Ehrenplatz« befindet.

Manchmal verlangt die Etikette, daß sich niedriger gestellte Personen vor den höhergestellten auf den Boden werfen oder den

Kopf vor ihnen neigen, aber es kann auch sein, daß der Untergebene stehenbleiben muß, während der Höhergestellte sich setzt. Diese Kombinationen verwenden alle die Metaphorik von »Oben« und »Unten«, aber welche Ausformung das System im ganzen annimmt, läßt sich *a priori* nicht vorhersagen. Und ebenso sagt zwar die Reihenfolge der Teilnehmer an einer Prozession fast immer etwas über deren relativen Status aus, aber es gibt Prozessionen, bei denen die Inhaber des höchsten Status die Spitze bilden, während sie bei anderen am Ende gehen.

Gleichsam in solche Vercodungen eingebaut ist das Bewußtsein von den Symmetrien und Asymmetrien des menschlichen Körpers und des topographischen Raums – meine linke Hand gleicht der rechten und auch wieder nicht, die »festliegende« Nord-Süd-Achse der Außenwelt gleicht der »sich verschiebenden« Ost-West-Achse, längs der die Himmelskörper umlaufen, und sie gleicht ihr auch wieder nicht. Durch die metaphorischen Transformationen dieses Bewußtseins werden Astronomie, menschliches Schicksal und die Gesellschaftsordnung zu Bestandteilen eines einzigen Komplexes.

Und wo die natürliche Umwelt keinen festen Orientierungspunkt an die Hand gibt, kann dieser unschwer von der Kultur beigesteuert werden. So ist z. B. der größte Teil der Mongolei eine einförmige Ebene, und die Jurten, die runden Filzzelte der Einwohner, sind transportable Behausungen, die leicht abgebrochen und wieder aufgestellt werden können. Traditionellerweise wurden diese Zelte so aufgestellt, daß der Eingang genau nach Süden zeigte, und der Innenraum war dann nach einem komplexen Ost-West- und Nord-Süd-Schema so aufgeteilt, daß es für jede soziale, technische oder rituelle Aktivität im Innern des Zelts einen vorbestimmten Ort gab.

Die Starrheit dieses Ordnungsschemas, das jedem Individuum nach Rang, Status und Geschlecht den ihm zustehenden Raum im Zeltinnern anwies, ist von europäischen Reisenden schon im dreizehnten Jahrhundert bemerkt worden, und mit gewissen Modifikationen existiert es selbst heute in der mongolischen Volksrepublik noch. Die Antwort auf die Frage, warum Menschen sich so verhalten, könnte darin bestehen, daß Menschen eben ein tiefliegendes psychologisches Sicherheitsbedürfnis haben, zu dem gehört, »daß man weiß, wo man hingehört«; und dieses »Wissen, wo man hingehört« ist gleicherweise eine Frage der sozialen und der territorialen Position.

Wir entwerfen also »Landkarten« des sozialen Raums, indem wir den territorialen Raum als Modell verwenden, und je einförmiger der Kontext des realen territorialen Raums sich darstellt, desto starrer und artifizieller muß das Modell ausfallen.

Der Orientierungsmechanismus, der unter vergleichendem Gesichtspunkt am ausführlichsten behandelt worden ist, ist der, nach dem die linke Hand »ungut« ist (in gewissem Sinne »nicht normal«, »unheilvoll«, »unrein«, möglicherweise aber auch »heilig«), während die rechte Hand »gut«, »richtig«, »normal«, »säkular« ist (vgl. Needham 1973). Diese Unterscheidung ist sicher weit verbreitet, aber man muß allzu simplifizierende Verallgemeinerungen hierzu mit Vorsicht betrachten. Die politische Linke wird einem nur dann unheilvoll erscheinen, wenn man selber der Rechten nahesteht. Und es gibt immer noch Länder – wie England –, in denen der Linksverkehr »das Richtige« ist!

13. Beispiele für binäre Vercodung

Ich habe im zweiten Kapitel die Annahme formuliert, »daß *sämtliche* nichtverbalen Dimensionen einer Kultur . . . so zu bestimmte ›Muster‹ tragenden Klassen organisiert sind, daß sie Träger codierter Informationen sind . . .« (S. 18); und ich habe wiederholt angemerkt, daß es – z. B. – zwischen den Bekleidungsregeln einer Kultur und den grammatischen und phonologischen Regeln, die die Gestalt ihrer sprachlichen Verlautbarungen bestimmen, enge Entsprechungen gibt. Vor allem aber habe ich immer wieder das Leitmotiv wiederholt, wie ich es am Ende des zehnten Kapitels formuliert habe: Zeichen und Symbole gewinnen nur dann Bedeutung, wenn sie von entgegengesetzten

Zeichen bzw. Symbolen unterschieden werden; sie haben für sich keine Bedeutung, sondern nur als Elemente einer Klasse.

Ich möchte nun einige praktische Anwendungsfälle dieser Formel etwas genauer betrachten (auch wenn dies immer noch etwas kursorisch und oberflächlich bleiben muß). Es handelt sich, um es ganz klar zu sagen, bloß um grobe Illustrationen für das, worüber ich gesprochen habe; und ich möchte hier noch einmal an das erinnern, was ich in der Einleitung über das ethnographische Material gesagt habe: um den Gedankengang wirklich zu verstehen, wird sich der Leser die komplizierteren Beispiele selber suchen müssen.

(a) Bekleidung

Außerhalb ihres Kontexts haben Kleidungsstücke keine Bedeutung, man kann sie in den Schrank hängen oder in einer Schublade stapeln wie der Setzer die Lettern des Alphabets im Setzerkasten, wenn sie aber »als Kostüm« benutzt werden, kennzeichnen sie den Träger eindeutig als Träger einer ganz bestimmten sozialen Rolle innerhalb eines ganz bestimmten sozialen Kontexts. Die Bekleidung weist ihren Träger sofort als männlich oder weiblich, Kleinkind, Kind oder Erwachsenen, Herrn oder Diener, Braut oder Witwe, Soldaten, Polizisten oder Richter aus.

Die Mehrheit dieser Rollen ist nicht dauerhaft; wie wir in Kapitel 7 gesehen haben, vollzieht sich der Übergang von einem sozialen Status zum anderen in einer Reihe von diskontinuierlichen Sprüngen, und häufig wird ein solcher Statuswandel durch einen Wechsel der Bekleidung markiert. Die Art und Weise, wie diese Veränderungen sich vollziehen, ist für mein Thema äußerst wichtig.

Die allgemeine Theorie der Übergangsriten (*rites de passage*), die den Übertritt eines Individuums über bestimmte soziale Grenzen markieren, werden wir im folgenden (im Kapitel 17) diskutieren. Hier will ich nur auf den Punkt hinweisen, daß sich die Teilnehmer zu Beginn eines solchen Ritus fast immer »dem

Anlaß entsprechend« kleiden, d. h. eine nicht normale Kleidung anlegen, die das Vorhandensein der betreffenden sozialen Grenze (»des relevanten Kontexts«) sichtbar werden läßt. Und im weiteren Verlauf legen dann die dem Statuswandel unterzogenen *Initianden* entweder ihre Kleidung ab oder legen eine besondere Kleidung an, die den Statuswandel kennzeichnet.

Damit diese Art von Kostümverhalten sinnvolle Informationen vermitteln kann, müssen die verwendeten Kostüme hochgradig standardisiert und leicht erkennbar sein. Sobald jedoch ein bestimmtes Kostüm mit einem bestimmten Ritus oder mit einer bestimmten Funktion innerhalb eines solchen Ritus gewohnheitsmäßig assoziiert wird, kann jeder charakteristische Teil des Kostüms als metonymisches Zeichen für den Ritus oder die Funktion verwendet werden.

Einige Beispiele hierfür habe ich bereits genannt: »Krone« steht für »König«, »Mitra« für »Bischof«. Ein Kostüm, das seinen Träger kennzeichnet, sagt nun aber nicht nur, was er ist, sondern auch, was er nicht ist. Wo die Kostüme sich bis auf eine bestimmte Einzelheit sehr ähnlich sind, wird dieser binäre Charakter besonders deutlich – z. B.: Braut-Witwe, weißer Schleier – schwarzer Schleier.

Betrachten wir noch ein weiteres, einigermaßen triviales Beispiel, an dem das hier wirksame logische Prinzip besonders gut erkennbar ist: In der besseren englischen Gesellschaft war es bis vor kurzem üblich, auf Einladungskarten den Formellheitsgrad des Anlasses zu kennzeichnen. »*White Tie*« (weißer Querbinder) war der Hinweis, daß es sich um eine im höchsten Grad formelle Zusammenkunft handelte, bei der männliche Personen ein steifgestärktes weißes Hemd, einen weißen Querbinder und einen schwarzen Frack zu tragen hatten – mit Ausnahme besonders hervorragender Personen, wie z. B. Bischöfe, die noch prächtigere Gewänder zur Schau stellen durften. »*Black Tie*« (schwarzer Querbinder) ließ den Anlaß als nicht ganz so formell erscheinen; man trug als Mann einen Smoking und einen Querbinder, der auf keinen Fall weiß sein durfte, aber nicht unbedingt schwarz sein mußte. Und »*informal dress*« meinte, was es sagte:

einfacher Straßenanzug.

Es wurde auf diesen Einladungskarten also eine beträchtliche Menge sozial signifikanter Information auf höchst ökonomische Weise zum Ausdruck gebracht, mit Hilfe der beiden Gegensatzpaare (I) WEISS/nichtWEISS und (II) QUERBINDER/kein QUERBINDER:

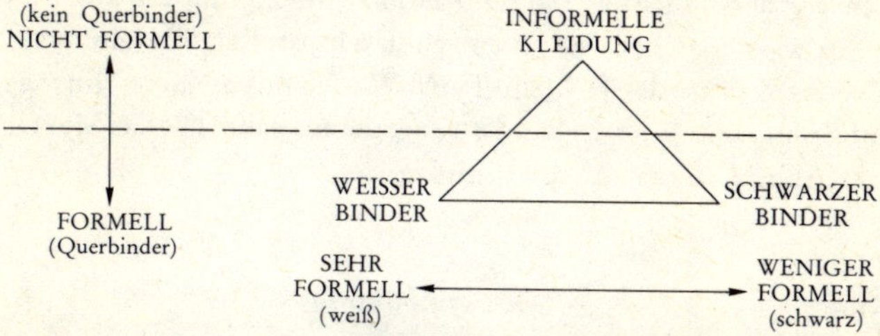

Abbildung 5

Solche Nachrichtensysteme funktionieren wie folgt: Wir müssen als erstes wissen, welche Parameter eine Rolle spielen, d. h. wovon die Nachricht handelt. Bei unserem Beispiel geht es um den mehr oder weniger feierlichen Charakter einer gesellschaftlichen Zusammenkunft.

Angenommen, wir haben es mit zwei Indices zu tun, P und Q, die einer bestimmten Klasse angehören. Dann können wir im Hinblick auf einen bestimmten Parameter fragen: Fallen P und Q unter die gleiche Kategorie oder nicht? Es gibt zwei mögliche Antworten, $P = Q$ oder $P \neq Q$.

Angenommen, es sei $P \neq Q$, dann können wir im Hinblick auf den vorgegebenen Parameter fragen: Ist P größer als Q? Auch hier gibt es wieder zwei mögliche Antworten, und so geht es weiter.

Das Prinzip ist hier genau dasselbe wie beim Computer, in dem die Information auch zu Fragestellungen verarbeitet wird, bei denen es jeweils zwei Antwortmöglichkeiten gibt: *Ja* oder *Nein*. Wenn man genügend Zeit und ein hinreichend leistungsfähiges Gerät hat, kann man fast jedes »logische« Problem auf diese Weise durch die Zahlenmühle drehen und lösen.

Das menschliche Gehirn ist kein Computer, und das menschliche Denken läßt sich deshalb nicht auf die gleiche Weise wie ein Computerprogramm analysieren. Aber die Produkte menschlichen Ausdrucksverhaltens (rituelle Sequenzen, Mythentexte, Gedichte, Partituren, Kunstformen u. ä.) weisen in einigen Hinsichten und unter bestimmten Umständen doch eine bemerkenswerte Ähnlichkeit mit dem *output* von Computern auf; und wenn wir versuchen, sie zu entschlüsseln, stoßen wir häufig auf Gegensatzpaare des Ja/Nein-Typs. Wie ich mit meinem Hinweis auf Bräute und Witwen ja schon angedeutet habe, hat das Muster von Abb. 5 allgemeinere Gültigkeit.

(b) Farbsymbolismus

Menschen können ein ziemlich umfängliches Farbspektrum wahrnehmen. Die präzise Funktion unseres Farbsinns ist jedoch keineswegs geklärt; denn zum einen sind Farbenblinde ja keine Schwerbehinderten, und zum andern kommen die meisten Farben, die wir unterscheiden können, in der Natur gar nicht so besonders häufig vor.

Wir verfügen über einen direkten Signalrespons auf Licht und Dunkelheit – z. B. stellt sich unser Auge durch Akkommodation automatisch auf das Dunkelsehen ein. Aber die Aktivitäten, die unserem Empfinden nach ins Dunkle gehören (z. B. Schlafen, oder sexuelle Aktivitäten (?)) sind nicht »von Natur aus«, sondern durch unsere Kultur festgelegt.

Es könnte sein, daß unsere emotionale Einstellung zu bestimmten Farben durch frühkindliche Erlebnisse geprägt wird: Milch und Sperma sind weiß, Blut ist rot und Fäkalien sind braun – wobei Blut und Fäkalien nach einiger Zeit beide schwarz werden. Dies sind Körpersubstanzen, die für jeden Einzelnen wichtig sind und immer wieder als Elemente der symbolischen Vercodung unserer Farbunterscheidungen auftauchen. Aber es gibt hier scheinbar keine wirklichen Universalien. Gewiß findet man sehr häufig, daß Rot als Gefahrensignal gilt, was sich von der

Gleichsetzung Rot = Blut herleiten könnte, aber Rot bedeutet häufig auch Freude, was wiederum auf die Gleichung Rot = Blut = Leben zurückgehen könnte. Ebenso findet man häufig die Gleichsetzung schwarz/weiß = schlecht/gut; und doch gilt manchmal auch »*Black is beautiful*«. So waren z. B. bei den Lolo in Westchina die Aristokraten »die mit den schwarzen Knochen«, während die Dienerkaste »die mit den weißen Knochen« war, und nicht etwa umgekehrt.

Da die am Körper sichtbare Farbe durch Kostümierung oder Bemalen rasch verändert werden kann und jede derartige Veränderung einen bloß vorübergehenden Charakter hat, ist Farbe ein sehr bequemes Merkmal für Rollenumkehrungen und wird auch häufig so verwendet. So gilt z. B. für europäische Christen, vor allem Katholiken, die folgende Formel:

Laien bei alltäglichen Aktivitäten – Kleidung von beliebiger Farbe,

Priester bei nichtreligiösen Aktivitäten – schwarzer Rock,

Priester bei religiöser Betätigung – weißes (Meß-)Gewand,

Braut (d. h. Frau, die die Ehe eingeht) – weißes Kleid mit Schleier,

Witwe (d. h. Frau, deren Ehe beendet ist) –schwarzes Kleid mit Schleier.

Es handelt sich dabei ersichtlich um »Botschaften« über Heiligkeit und Reinheit der betreffenden Aktivitäten.

Die auftretenden Farbunterscheidungen können nach dem gleichen Schema abgebildet werden wie beim Gesellschaftsanzug:

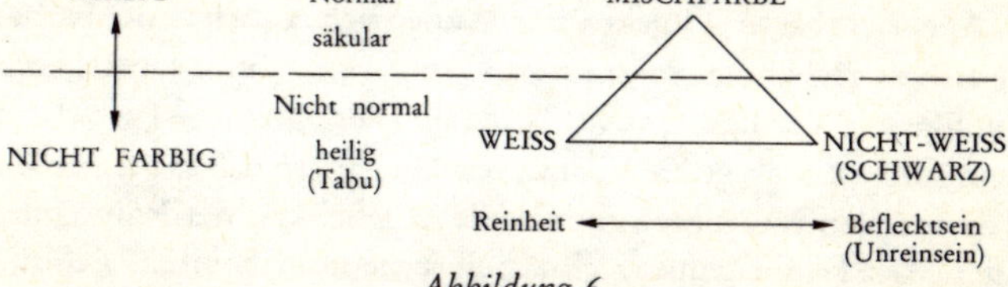

Abbildung 6

Entsprechende Unterscheidungen treten auch in anderen Kulturen auf, sogar im gleichen sozialen Kontext, aber mit anderen

Farbarrangements. Nach der traditionellen chinesischen Kultur z. B. trug die Braut leuchtendes Rot und Grün, die Witwe ungebleichten Hanf, und die gewöhnliche Hausfrau Schwarzblau (Indigo). Bei den von Malinowski beschriebenen Trobriandern trug die Braut einen Grasrock in leuchtenden Farben, die Witwe einen mit Ruß geschwärzten Grasrock, und die gewöhnliche Hausfrau einen ungebleichten und ungefärbten Grasrock. In jedem dieser Fälle ist es die *Klasse* der Farbkontraste, die interpretiert werden muß, nicht der individuelle Farbgebrauch.

Auf ähnliche Weise kontrastiert das gelbe Gewand und der geschorene Kopf des buddhistischen Mönchs absichtsvoll mit dem weißen Gewand und dem halbgeschorenen Kopf des Brahmanenpriesters, und beide mit dem aschebeschmierten Körper und dem langen Haar des spirituellen Asketen.

Auch hier kommt es ganz allgemein darauf an, daß die Symbole in Gruppen (Klassen) auftreten, und daß die Bedeutung des einzelnen Symbols sich aus dem Kontrast zu anderen Symbolen ergibt, nicht aus ihm selbst. Darüber hinaus gibt es bei den Einzelsymbolen Bedeutungsschichten, die davon abhängen, was zu wem im Kontrast steht. Nehmen wir z. B. den ungebleichten Hanf, der bei den chinesischen Trauerzeremonien verwendet wird. Bei der Witwe steht er im deutlichsten Kontrast zu den fröhlichen Farben, die sie bei der Hochzeit getragen hat, bei den übrigen Männern und Frauen, die am Begräbnis teilnehmen, ist er Bestandteil eines umfänglichen Code, der die Statusunterschiede zwischen den Verwandten des Verstorbenen festlegt (s. Wolf 1970).

Alle sichtbaren Objekte der Außenwelt haben eine Farbe; Farbunterscheidungen sind also ein Klassifikationsmittel, das immer zur Verfügung steht. Nun fällt aber unter jede Farbklasse eine unbestimmt große Vielfalt von Dingen, so daß es bei Farben als sozialen Metaphern immer die Möglichkeit der Polysemie, der Mehrfachbedeutung gibt. Selbst wenn evident ist, daß die Farbe von etwas symbolische Bedeutung hat, können wir nie sicher sein, um welche der möglichen Bedeutungen es sich handelt, bevor wir den Kontext, in dem es auftritt, untersucht haben.

Victor Turner (1967) hat diesen Punkt in seiner ausführlichen Analyse des Farbsymbolismus bei den Ndembu in Zentralafrika detailliert erläutert. Aber bleiben wir bei Beispielen, die uns inzwischen schon geläufig sind!

Nach der Tradition der buddhistischen heiligen Texte ist die Farbe der Mönchsroben gelb (und nicht rot oder grün), um den Träger daran zu erinnern, daß der Mönch nach der Lehre Buddhas in so vollkommener Armut leben soll, daß ihm als Kleidung die Lumpen von alten Leichentüchern genügen sollen. Hier gilt also die Assoziation »Gelb = Tod«; und es gibt auch noch zahlreiche andere Situationen, in denen auf Sri Lanka (Ceylon) der buddhistische Mönch als Symbol des Todes gesehen wird.

Daneben aber gibt es jedes Jahr ein wichtiges Fest, *kathina*, bei dem die Landbewohner eines Bezirks ihren Mönchen neue Roben schenken, und in diesem Fall wird das Gelb der Robe explizit mit dem Gelb der reifenden Reisfelder gleichgesetzt. Hier scheint zumindest auf den ersten Blick die Gleichung »Gelb = Leben« zu gelten; denn *kathina* ist ein fröhliches und kein Trauerfest. Und diese Interpretation scheint noch dadurch bestätigt zu werden, daß die Verbalkategorie »*dhatu*« sowohl Saatkorn als auch Sperma bedeutet, wie ja auch das lateinische *semen*.

Aber diese Assoziation ist nun auch wieder mehrdeutig; denn *dhatu* bedeutet weiterhin »die als Reliquie aufbewahrten Knochen eines toten Mönchs«, und damit kommen wir wieder auf die buddhistische Lehre von Tod und Leben als Wechselvorgang und die Seelenwanderung als Prozeß, bei dem aus begrabenen Reliquien künftige Erlösung entspringt, genau wie die künftigen Ernten aus dem begrabenen Saatkorn sprießen.

Wir sind hier schon weit über den eigentlichen Bereich des Farbsymbolismus hinaus, aber das vorgeführte Alternieren von Mehrfachbedeutungen exemplifiziert ein allgemeines Prinzip. In sozialen und vor allem religiösen Kontexten ist es fast nie so, daß eine Kommunikationsdyade (A steht für B) direkt und eindeutig interpretiert werden kann. A ist zunächst eine nebelhafte metaphysische Idee »im Geiste«, die durch den im Kapitel 8 beschriebenen Repräsentationsprozeß eine manifeste physische Gestalt gewinnt, die dann jedesmal durch Metonymie und Metaphern mit einer ganzen Kette von Unterbedeutungen verknüpft ist, die ihrerseits für die soziale bzw. religiöse Gesamtbedeutung relevant werden (oder auch nicht).

(c) Das Kochen

Die Menschen könnten, genau wie die übrigen Tiere, von roher Nahrung existieren, und zum Teil tun sie dies ja auch. Meist aber kochen (oder braten) sie ihre Nahrung und bereiten sie auf höchst vielfältige Weise zu. Es ist eine der tiefgreifenden Einsichten von Lévi-Strauss, daß es sich hierbei ebenso sehr um ein Ausdrucks- wie um ein technisches Verhalten handelt. Er weist darauf hin, daß wir unsere Nahrung erstens deshalb kochen, weil wir demonstrieren wollen, daß wir zivilisierte Menschen sind und keine Tiere, und daß wir zweitens unterschiedliche Typen der Nahrungszubereitung verwenden, um bestimmte soziale Anlässe entsprechend einem binär vercodeten System zu markieren. Sein »kulinarisches Dreieck« entspricht dem Schema unserer Abbildung 5, ist allerdings erheblich komplizierter. Zu den Einzelheiten sollte der Leser Lévi-Strauss selber konsultieren, der mehrfach darüber geschrieben hat (z. B. 1966 (b), deutsch s. Lévi-Strauss 1973), oder den von mir verfaßten Abriß (Leach 1970). In der Praxis geht es offenbar nicht ganz so streng zu, wie Lévi-Strauss angenommen hat, aber an seiner These »ist etwas dran«. Wir verwenden in der Tat auf bestimmte Weise zubereitete und aufgetragene Speisen und Getränke als die prototypischen Markierungen bestimmter sozialer Anlässe, und in der Art, wie dies in einem gegebenen kulturellen Kontext vor sich geht, zeigt sich sicherlich ein systematisches Verhaltensmuster.

Bei fast jeder Zeremonie werden an einer bestimmten Stelle bestimmte Speisen und/oder Getränke genossen, und es wird nie dem Zufall überlassen, um welche Speisen und Getränke es sich handelt. Lebende Schlachttiere oder schon geschlachtete Tiere, zubereitete ungekochte oder gekochte Speisen gehören zu den

Hauptbestandteilen fast jeden rituell vorgeschriebenen Gabentauschs. Bestimmte Speisen, wie etwa Hochzeitstorten oder gebratener Truthahn mit Preiselbeersoße stehen für jedermann in einem erkennbaren Zusammenhang mit bestimmten sozialen Anlässen.

Soviel wird man beim Studium jeder gründlichen ethnographischen Beschreibung schon erkennen. Der Beitrag von Lévi-Strauss besteht in der These, daß binäre Gegensätze wie roh/gekocht, gekocht/verfault, gekocht/gebraten, gekocht/geräuchert die Elemente eines Codes bilden, der in rituellen Handlungen und Mythen zur Anwendung kommt. Ob es wirklich immer so ist, ist eine offene Frage, aber jedenfalls hat Lévi-Strauss überzeugend nachgewiesen, daß es sich manchmal so verhält. Es zeigt sich hier zumindest eine Möglichkeit, wie wir den noch nebelhaften Ideen in unserem Inneren einen materiellen Ausdruck verleihen können; und wenn man sich das klargemacht hat, gewinnen die Muster des Nahrungsverhaltens in allen ihren Variationen ein neues und weiterreichendes Interesse.

(d) Körperverstümmelungen

Veränderungen im sozialen Status werden häufig durch bestimmte Verstümmelungen bzw. Markierungen des Körpers gekennzeichnet. Am verbreitetsten sind die Beschneidung bei Männern, die Klitoridektomie bei Frauen, das Abrasieren des Kopfhaars, das Ausschlagen oder -ziehen von Zähnen, das Anbringen von Narben im Gesicht, Tätowierungen und Durchbohren der Ohrläppchen.

In gewisser Hinsicht haben diese Bräuche dieselbe Bedeutung wie ein Kostümwechsel: das neuartige äußere Erscheinungsbild ist das Kennzeichen für einen neuerworbenen sozialen Status. Unter den eben aufgeführten Praktiken zeichnet sich das Entfernen des Kopfhaars als bloß vorübergehende Veränderung aus; das Haar wächst ja nach, und deshalb ist seine Entfernung eine besonders geeignete Metapher für die Umkehrung der sozialen

Zeit, die bei Übergangsriten stattfindet (vgl. Kapitel 7). So kann sich z. B. eine Witwe nach dem Tode ihres Mannes das Haar abschneiden und es nach dem Ende der Trauerzeit wieder wachsen lassen. Im Gegensatz hierzu kennzeichnen Verstümmelungen, die nicht mehr rückgängig zu machen sind, in der Regel bestimmte ein für allemal erreichte Stadien des sozialen Reifungsprozesses. So ist z. B. der unbeschnittene Mann seinem sozialen Status nach noch ein Kind, und mit der Beschneidung wird er zum Erwachsenen.

Bei den meisten dieser Markierungen werden Teile von Organen entfernt, die zur Außengrenze des Körpers gehören – die Vorhaut, die Klitoris, Haar oder Zähne –, und das Ritual, bei dem sie entfernt werden, gilt sehr häufig als ein Akt der Reinigung. Die Logik dieser Situation hat mit dem zu tun, was in Kapitel 7 über die Zweideutigkeit von Grenzen und ihren Zusammenhang mit dem Tabu gesagt worden ist.

Mary Douglas hat in diesem Zusammenhang an den Aphorismus von Lord Chesterfield erinnert, daß Schmutz Materie am falschen Platze sei. Erde im Garten ist nichts weiter als Erde, normale Materie an ihrem normalen Platz; Erde auf dem Küchenfußboden dagegen ist *Schmutz* – Materie am falschen Platz. Und je genauer wir unsere Grenzen festlegen, desto beklemmender werden wir uns des Schmutzes bewußt, der auf zweideutige Weise auf die falsche Seite der Grenze geraten ist. Grenzen sind sozusagen *per definitionem* schmutzig, und wir verwenden beträchtliche Anstrengungen darauf, sie rein zu halten, um uns das Vertrauen in unser Kategoriensystem zu erhalten.

Die Archäologie und die vergleichende Ethnographie zeigen deutlich, daß während der ganzen Menschheitsgeschichte und überall auf der Welt die unterschiedlichsten Gesellschaften *Schwellen* und *Pforten* eine ungeheure rituelle Wichtigkeit beigemessen haben. Die Bedeutung dieser Zugangswege als Verteidigungsanlagen spielt dafür nur eine ziemlich marginale Rolle; die Basis dieser Elaborationen ist psycho-sozial: Dauernd bewegen sich Individuen über diese Schwellen hin und her, und es wird dabei für unsere *moralische* Sicherheit ungeheuer wichtig, daß es dadurch *nicht* zu Verwechslungen zwischen Innen und Außen kommt; es muß zwischen ihnen eine reinliche und mit Bedeutung aufgeladene physische Abgrenzung erfolgen.

Und was so für den territorialen Raum gilt, gilt in gleicher Weise für den sozialen Raum und die soziale Zeit.

Der soziale Unterschied zwischen dem Minderjährigen und dem Erwachsenen ist an sich künstlich; es gibt keinen biologischen Grenzpunkt zwischen beiden, und deshalb müssen wir selber einen machen. Ein Akt der Gewalttätigkeit, eine körperliche Verstümmelung markiert den Durchbruchspunkt, die Schwelle, das Tor; und es ist dann logisch zu behaupten, daß das, was entfernt worden ist, »Materie an der falschen Stelle«, Schmutz gewesen ist; eben weil durch seine Entfernung die Reinheit unserer sozialen Kategorien erhalten worden ist, ist der verstümmelte Körper »gereinigt«.

Der Gegensatz zwischen rein und unrein hat tiefgehende psychologische Wurzeln. Jedes Kind, das sein Identitätsbewußtsein ausbildet, stößt auf die Frage »Was bin ich, und was ist nicht mehr ich?« Und dabei werden die körperlichen Ausscheidungen auf besondere Weise problematisch. Sind meine Fäkalien, mein Urin, mein Samen, mein Schweiß noch ein Teil von mir oder nicht? In Analogie zu dem eben Gesagten bilden die Körperöffnungen »Pforten«, und die Ausscheidungen, die sie passiert haben, sind Materie am falschen Platz, wie die Produkte, die bei den rituellen Verstümmelungen abfallen. Logischerweise müßten sie mit Tabus belegt werden, und in der Tat ist das ja auch der Fall. In den meisten Gesellschaften – unsere eigene ist ein Beispiel – gelten die eben genannten Ausscheidungen als das Urbild von »Schmutz«.

In dem eben Gesagten steckt nun aber ein unauflösliches Paradox: Der Einzelne lebt in der Gesellschaft ja nicht als isoliertes Individuum, das seine Außengrenzen rein und intakt halten könnte, sondern er befindet sich inmitten eines Netzwerks von Macht- und Dominanzverhältnissen. Und die Macht im hier gemeinten Sinne spielt sich an den Kontaktflächen zwischen den Individuen ab, in den zweideutigen Grenzbereichen. Daraus ergibt sich das Paradox, daß ich (I) nur dann ganz sicher sein kann, was ich ist und was nicht, wenn ich mich von allem »grenzüberschreitenden« Schmutz reinige, daß aber (II) ein auf solche Weise gereinigtes Ich keine Kontaktflächen zur Außenwelt und zu anderen Individuen mehr haben würde. Es wäre frei von der Beherrschung durch andere, dafür aber auch selbst völlig impotent. Daraus ergibt sich die Gleichsetzung der Gegensatzpaare

rein/unrein = impotent/potent,

mit anderen Worten: *daß die Macht zum Schmutz gehört.*

Dieses Paradox liegt einer ungeheuren Vielfalt von religiösen Praktiken zugrunde, und daneben auch der überall anzutreffenden Tendenz, sowohl das asketische als auch das ekstatische Verhalten als heilig zu betrachten. Wir werden auf diese Unterscheidung in Kapitel 16 noch weiter eingehen.

(e) Geräusch und Schweigen

Aus den eben angestellten Überlegungen über den Schmutz- und Potenzcharakter körperlicher Ausscheidungen ergeben sich Hinweise für das Verständnis der rituellen Bedeutung, die Geräusche haben. Präverbale infantile Geräusche – Schreien, Brabbeln und vor allem Furzen – sind eine Art von Ausscheidungen; sie kommen aus dem Inneren des Körpers und enden außerhalb von ihm und sind deutlich tabubeladen.

Geräusche dieser Art sind ein Teil der Natur und dienen dazu, die Grenze zwischen dem Ich und der Außenwelt zu markieren. Es erscheint deshalb signifikant, daß Kulturen häufig künstliche Geräusche für die gleiche Art von Grenzmarkierungen verwenden. Trommelwirbel, Trompetenstöße, Zymbelgeschmetter, Kanonensalute und Feuerwerk, Glockengeläut, rhythmische Hochrufe usw. werden benutzt, um zeitliche und räumliche Grenzen zu markieren, die ihrem Charakter nach ebenso häufig metaphysisch wie physisch sind.

Trompetensignale und Glockenschläge markieren die Tageszeiten, Fanfaren begleiten das Auftreten bedeutender Persönlichkeiten, Schüsse und Feuerwerk markieren Trauer- oder Hochzeitsfeierlichkeiten, das Ende der Welt wird durch die Posaune des Jüngsten Gerichts angekündigt, im Donner erschallt die Stimme Gottes.

Es gilt also:

Geräusch/Schweigen = heilig/profan.

Bei allgemeinen Formeln dieser Art stellt sich immer die Frage, ob es denn »allgemein menschliche Universalien« gibt. Gibt es Oberflächenmerkmale von Kulturen, die überall gleich sind? Ich würde vermuten, daß die Antwort »nein« lauten muß. Denn obwohl gewisse strukturelle Beziehungen zwischen bestimmten Kulturelementen sehr häufig vorkommen, gibt es wahrscheinlich immer Sonderfälle, bei denen eine Umkehrung der Werte zu beobachten ist. So hat z. B. Baumann (1974) darauf hingewiesen, daß nach der Überzeugung der Quäker Gott zu den Gläubigen spricht, die in schweigender Sammlung auf seine Stimme warten. Im Falle der Quäker gilt also:

Schweigen/Geräusch = heilig/profan.

Und dies gilt ganz allgemein für alle Beispiele binärer Vercodung, die ich in diesem Kapitel behandelt habe. Jedes »Bit« kultureller Information, das durch einen binären Kontrast X/Y (z. B. schwarz/weiß) übermittelt wird, könnte auch umgekehrt durch Y/X (weiß/schwarz) übermittelt werden. Metaphorische Assoziationen sind letzten Endes immer willkürlich, und deshalb bleibt es immer wahrscheinlich, daß ein in einem ethnographischen Kontext signifikanter Kontrast in einem anderen ethnographischen Kontext in umgekehrter Form auftritt.

Häufig sind derartige Umkehrungen selber signifikant. Lokale Bräuche beruhen häufig nicht bloß auf der Annahme »Wir hier machen das anders als die Leute vom Stamm Y«, sondern auf dem

Prinzip »Wie wir das hier in X machen, ist es richtig, aber diese ungehobelten Barbaren in Y machen alles verkehrt herum«.

Bei Fragen, warum eine bestimmte Gemeinschaft ihre Toten verbrennt bzw. in Gräbern beisetzt, oder warum sie in runden statt in rechteckigen Häusern wohnt, besteht die einzige erkennbare funktionale Erklärung häufig darin, daß diese Gemeinschaft es anders und richtiger als ihre Nachbarn machen will. Und diese Nachbarn sind dann in aller Regel ebenso sicher, daß ihre eigenen Bräuche viel richtiger und besser sind. Und je ähnlicher sich die beiden Kulturen in ihren Grundmustern sind, desto schwerer fallen solche verhältnismäßig geringfügigen Umkehrungen ins Gewicht. Was man mit Messer und Gabel macht, wenn man nicht mehr essen will, unterscheidet sich nicht bloß in England, Frankreich oder Amerika, sondern wenn man am falschen Ort das Falsche tut, demonstriert man damit »schlechte Tischmanieren«.

14. Heiratsvorschriften und -verbote

Etwas, was Anfänger häufig irritiert und langweilt, ist die ungeheure Ausführlichkeit, mit der die Autoren sozialanthropologischer Monographien Verwandtschaftsterminologien und Heiratsregeln beschreiben und analysieren. Die meisten der betreffenden Autoren würden es sicher nicht ganz leicht finden, dies explizit zu rechtfertigen; aber für das Thema dieses Buches sind derartige anthropologische Untersuchungen der Verwandtschaftsbeziehungen unmittelbar einschlägig.

Erstens konstituieren die Verwandtschaftstermini und die formalen Heiratsregeln »Klassen« durch Metonymie untereinander verbundener Kulturdetails, genau so, wie die einzelnen Kleidungsstücke, die zusammen ein zu einem bestimmten Anlaß vorgeschriebenes Kostüm ausmachen. Wir bemerken, wenn wir uns über die ethnographische Landkarte bewegen, daß benachbarte Gruppen, die im großen und ganzen der gleichen Kultur angehören, bei der Verwandtschaftsklassifikation häufig auffallend unterschiedliche Konventionen anwenden. Nach den Grundsätzen der von mir beschriebenen semiotisch-strukturalistischen Analyse muß man in solchen Fällen annehmen, daß man es mit einem Gesamtmuster zu tun hat, das sich aus einer Sukzession von Transformationen ergibt, und nicht einfach mit einer Folge reiner Verschiedenheiten. Lévi-Strauss hat in seinen berühmten *Structures élémentaires de la parenté* (1949) den Transformationsbegriff auf Verwandtschaftssysteme anzuwenden versucht, deren Abfolge sich geographisch von Australien bis Nordsibirien erstreckt. Dieser Versuch war nicht unbedingt erfolgreich, aber das ändert nichts an der Wichtigkeit der Grundidee.

Zweitens liefern die Begriffe, die hinter Verwandtschaftsterminologie und Heiratsregeln stecken, besonders vertrackte Beispiele für die Art von Problemen, die wir im Kapitel 3 zur Sprache gebracht haben. Begriffe wie »Ehe« und »Vaterschaft« sind zunächst einmal »im Geist erzeugte Ideen«, die kein objektiv-materielles »Außenweltding« beschreiben, und daher läßt sich leicht eine Art Algebra der Verwandtschaftskategorien und Heiratsregeln formulieren. Vielleicht ist dies der Grund, daß dieses Thema vor allem die rationalistisch und weniger empirisch eingestellten Anthropologen besonders angesprochen hat (vgl. hierzu Kapitel 1).

Andererseits gibt es bei allen menschlichen Gesellschaften die Unterscheidung verschiedener Verwandtschaftskategorien und für die Geschlechtsbeziehungen geltende Konventionen, die (wenigstens bis zu einem gewissen Grade) der Institution entsprechen, die in unserer Sprache als »Ehe« bezeichnet wird; und man kann deshalb sehr leicht zu der Ansicht kommen, daß sich die rationalistische Diskussion der Verwandtschaftsalgebra ganz unmittelbar auch auf die empirischen Verwandtschaftstatbestände in kontrastierenden ethnographischen Situationen bezieht – daß also Lévi-Strauss mit dem Gedanken recht gehabt habe, daß die strukturalistischen Ideen unmittelbar auf die Untersuchung der Verwandtschaftsordnungen anwendbar sind.

Ich selber würde empfehlen, an diesen ganzen Bereich nur mit der allergrößen Vorsicht heranzugehen. Sicher ist die vergleichende Untersuchung der Verwandtschafts- und Heiratsordnungen in gewissem Sinne ein unentbehrliches Kernstück der gesamten sozialanthropologischen Theorie und Praxis, aber man sollte die damit verbundenen Schwierigkeiten doch nicht unterschätzen. Der Zusammenhang zwischen den in der Feldforschung beobachtbaren Fakten und der formalen Verwandtschaftsalgebra der anthropologischen Monographien ist häufig nur sehr indirekt; und jede Analyse, die die Verwandtschaftsordnung als Ding an sich betrachtet, das unabhängig von seiner Einbettung in eine bestimmte kulturelle Matrix diskutiert werden kann, kann nur Verwirrung stiften.

Ich bin in der Tat der Ansicht, daß die Ethnographie der Verwandtschaft *nur* mit Hilfe strukturalistischer Analysetechniken zur Verständlichkeit gebracht werden kann, daß man aber bei den Fragen der Verwandtschaft diese Methode schon recht gründlich beherrschen muß, bevor bei ihrer Anwendung etwas Brauchbares herauskommt.

Bei einer Einführung in die Anthropologie wie dieser hier ist es einfacher, die Vielfalt der Heiratsregeln zu diskutieren als die Vielfalt der Systeme der Verwandtschaftsklassifikation, obwohl auch diese Vielfalt ungeheuer groß ist. In manchen Gesellschaften gilt es als Todsünde, Geschlechtsbeziehungen mit einer Frau einzugehen, die *nicht* zu einer bestimmten Verwandtschaftskategorie gehört, während in anderen (und ebenso nachdrücklich) Geschlechtsbeziehungen zwischen Verwandten überhaupt verboten sind. In einigen Gesellschaften gilt die Ehe mit einer Kusine ersten Grades als besonders wünschenswert, in anderen als besonders verwerflich.

Es gibt Regeln, nach denen die einzige zulässige Ehepartnerin für einen Mann die Tochter der Tochter des Bruders seiner Großmutter mütterlicherseits ist, und das entgegengesetzte Extrem bilden Gesellschaften, in denen ein Mann mit Ausnahme seiner Mutter und seiner Schwestern nahezu jede beliebige Frau heiraten kann. Über die allgemeine und spezielle Bedeutung solcher Regeln ist unter Anthropologen ausführlich und hitzig diskutiert worden, ohne daß man zu einer Einigung gekommen wäre.

Einige Teile der »Logik«, die hier am Werk ist, erscheinen unmittelbar einleuchtend.

(I) Jede Regel, die (für den Mann) impliziert, daß Frauen der Kategorie A geheiratet werden dürfen, Frauen der Kategorie B dagegen nicht, ist Bestandteil eines sozialen Klassifikationssystems, das die soziale Umwelt des betreffenden Individuums gliedert.

(II) Eine Regel, die (für den Mann) impliziert, daß, wenn die Schwester von X zu den Frauen gehört, die er heiraten darf, seine eigene Schwester zu der Kategorie von Frauen gehört, die X heiraten darf, impliziert auch, daß der Betreffende und X *gleichgestellt* sind, daß das Prinzip der Gegenseitigkeit (vgl. Kap. 1) gilt, d. h., daß zwischen ihm und X ein Austausch von Gleichwertigem erwartet wird: ich heirate deine Schwester, und du heiratest meine Schwester, und dadurch stehen wir auf gleichem Fuß.

(III) Entsprechend impliziert eine Regel, die das Gegenteil besagt, nämlich daß, wenn die Schwester von X zur Kategorie der Frauen gehört, die der Betreffende heiraten darf, seine eigene Schwester *nicht* zur Kategorie der Frauen gehört, die X heiraten darf, der potentielle Ehemann der Schwester von X und X *nicht* gleichgestellt sind: Wenn ich deine Schwester heirate, kannst du meine Schwester nicht heiraten, deshalb stehen wir (in irgendeinem Sinne) *nicht* auf gleichem Fuß.

Allerdings müssen selbst diese scheinbar so einleuchtenden formal-algebraischen Prinzipien angesichts der empirischen Befunde mit Einschränkungen und Zusätzen versehen werden. Trotzdem ist es zweifellos richtig, daß die Kategorieneinteilung nach Männern und Frauen, die heiraten bzw. nicht heiraten dürfen, für die empirische Strukturierung dauernder menschlicher Sozialsysteme von größter Wichtigkeit sind. Und unsere Vorstellungen darüber, welche Ordnung in unserer Gesellschaft herrscht bzw. herrschen sollte, kommt häufig in unserer Einstellung gegenüber bestimmten möglichen Eheverbindungen zum Ausdruck. Man braucht nur an die Vielfalt und Strenge der expliziten und impliziten Regeln zu denken, die Heiraten über die Grenzen von »Klasse«, »Rasse« und »Kaste« hinaus verbieten, um die Wichtigkeit dieser Art von Klassifikationen zu erkennen. Weiter aber würde ich kaum gehen wollen, und ergänzend möchte ich nur noch die folgenden vier Punkte anführen:

(I) Exogamieregeln, die Ehen zwischen den Angehörigen des gleichen Segments eines Gesamtsystems verbieten – so, wie wir sie bei einer Vielzahl von segmentierten unilinealen Abstammungssystemen in vielen Teilen der Welt antreffen – wirken sich nicht nur verstärkend auf die anderen Kriterien aus, durch die die Segmente definiert sind, sondern verstärken auch (auf negativem Wege) den Zusammenhalt des Gesamtsystems; denn weil niemand Heiratsbündnisse mit Angehörigen seiner eigenen Gruppe eingehen darf, muß er Heiratsbündnisse mit anderen Gruppen eingehen. Man darf dabei jedoch nicht vergessen, daß sich diese Exogamieregeln nur auf die *Ehe* beziehen. Die Regeln, die das faktische Sexualverhalten betreffen, die sogenannten »Inzestregeln« sind im allgemeinen wesentlich weniger genau und werden am besten ganz unabhängig von den Heiratsregeln behandelt.

(II) Endogamieregeln, die Verbindungen zwischen Angehörigen verschiedener sozialer Segmente ein und desselben Gesamtsystems verbieten – z. B. die Ehe eines indischen Mädchens aus den oberen Kasten mit einem Mann aus den unteren Kasten, Ehen zwischen weißen und schwarzen Südafrikanern, zwischen Juden und Nichtjuden – werden immer mit einer ungeheuren emotionalen Erhitzung vertreten. Das illustriert zum einen, was ich in Kapitel 13 (d) über die Tabubeladenheit von Grenzen als solchen gesagt habe. Zum anderen aber handelt es sich hier um Regeln, die als Heiratsregeln auch sexuelle Beziehungen als solche betreffen, und es ist der Verstoß gegen die in ihnen enthaltenen Sexualtabus, der die starken emotionalen Reaktionen auslöst.

(III) Bei Religionsgemeinschaften (Juden, Quäkern, Katholiken) gilt es häufig als Probe auf die Rechtgläubigkeit, ob beide Ehepartner der Gemeinschaft angehören. Diese Regel hat Ausdrucks- und funktionellen Wert; sie »besagt«, daß die Ehepartner dem Glauben angehören, und sie gewährleistet, daß die Solidarität der Glaubensgemeinschaft sich in der nächsten Generation fortsetzt.

Wenn es diesen Glaubensgemeinschaften tatsächlich gelänge, ihr Endogamiegebot über Jahrhunderte hinweg einzuhalten, würden sie sich auf die Dauer zu einer eigenen Rasse entwickeln. Wenn man diese simple Tatsachenaussage auf die Juden anwendet, sieht man sofort, wie wichtig es für den Sozialanthropologen ist, den Unterschied zwischen ethnographischen Fakten und normativen Ideen nicht aus den Augen zu verlieren.

Seit mindestens 2500 Jahren gilt bei den Juden die Regel, daß Juden nur untereinander heiraten sollen, und wenn die Juden sich an diese Regel gehalten hätten, wären sie mittlerweile tatsächlich eine eigene Rasse. Alle genetischen Befunde lassen jedoch deutlich erkennen, daß es in keinem Teil der Welt einen konstatierbaren genetischen Unterschied zwischen Juden und Nichtjuden gibt – was beweist, daß die Juden sich nicht an ihre Endogamieregel gehalten haben.

So gesehen ist es besonders paradox, daß der Antisemitismus der jüngeren Vergangenheit sich hauptsächlich auf rassische und nicht auf religiöse Vorurteile berufen hat.

Allgemein gilt, daß es bei Heiratsvorschriften immer viel mehr um Ideen als um greifbare Fakten geht. In ihnen wird gesagt, was der Fall sein sollte. Was wirklich der Fall ist, ist meist etwas ganz anderes.

(IV) Zuletzt ist noch anzumerken, daß Regeln des oben unter (III) gekennzeichneten Typs häufig die Form haben »Ich (als Mann) darf die Tochter des Bruders meiner Mutter heiraten, aber meine Schwester darf den Sohn des Bruders unserer Mutter nicht heiraten«. Wenn diese Form der Regel im Kontext eines Systems von unilinealen Abstammungsgruppen auftaucht, heißt das, daß die lokalen unilinealen Abstammungsgruppen einander paarweise als »Frauengeber« und »Frauennehmer« zugeordnet sind und es sich bei dem Verhältnis »Frauengeber«/»Frauennehmer« um ein Ungleichheitsverhältnis handelt. Diese Ungleichheit wird dann oft in die lokale politische Ideologie aufgenommen – ein

Thema, zu dem es eine ausführliche Literatur gibt (vgl. Leach 1954).

15. Logik und Mytho-Logik

Ich möchte jetzt auf ein Problem eingehen, das schon früher einmal (in Kapitel 6) zur Sprache gekommen ist: Inwieweit können wir die Logik technischer Handlungen von der Pseudo-Logik der Ausdrucksaktivitäten unterscheiden?

In unserer westlichen, schriftsprachlichen, mechanisch organisierten Gesellschaft ist soviel »richtige« aristotelische Logik in das System unserer Kultur eingebaut, daß wir diese Art von Logik ganz selbstverständlich für einen wesentlichen Bestandteil des gesunden Menschenverstands halten. Praktisch machen wir von formallogischen Prinzipien allerdings nur in den relativ seltenen Fällen Gebrauch, wo wir mit Hilfe eines einzigen Kommunikationskanals über größere Distanz exakte Informationen übermitteln wollen, z. B. wenn wir einen Brief oder ein Buch schreiben oder mit jemandem telefonieren. Wenn zwei Menschen *face-to-face* kommunizieren und über eine Vielzahl von Kanälen gleichzeitig sensorische Informationen übermitteln können – über den Tastsinn, die optische Wahrnehmung, das Gehör usw. – ist die logische Ordnung der übermittelten Nachrichten weitaus weniger augenfällig.

Wenn man z. B. ein spontanes Gespräch auf Tonband aufnimmt, wird man beim Abspielen des Tonbands feststellen, daß nur ein kleiner Teil des Gesagten unmittelbar verständlich ist, während im ursprünglichen Kontext jeder der Anwesenden ohne weiteres verstehen konnte, was gemeint war; denn in diesem Kontext waren die verbalen Äußerungen nur Teile eines umfänglicheren Ganzen, standen in einer metonymischen (Zeichen-) Beziehung zu allem, was sich außer ihnen noch am Ort des Gesprächs abspielte, und ein Teil der Nachricht wurde durch diese nichtverbalen Komponenten des Geschehens übermittelt.

Dieses Argument läßt sich nun auch genau andersherum anwenden. Wenn der Anthropologe versucht, eine Serie von nichtverbalen Indices zu entschlüsseln, muß er sich vergegenwärtigen, daß ihm mit ihnen nur ein Teil des gesuchten »Texts« vorliegt, daß die Zeichen und Symbole, die er untersucht, nur locker zusammenhängen, wie die Wörter und halbverschluckten Sätze einer zwanglosen Konversation, und nicht wie die sorgfältig durchkonstruierten, in sich bündigen Passagen eines Buchs.

Darüber hinaus aber gibt es bei der Pseudo-Logik bzw. Mytho-Logik des Ausdrucksverhaltens noch andere Eigentümlichkeiten, die besonders deutlich am Beispiel des religiösen Sprechens erkennbar sind.

Bei unserem alltäglichen technischen Handeln halten wir es für selbstverständlich, daß, wenn A verschieden von B ist, nicht gleichzeitig damit behauptet werden kann, daß A und B identisch sind. Für das religiöse Sprechen gilt das Gegenteil.

Dafür gibt es im Christentum eine Reihe von prägnanten Beispielen. Eines davon ist der Begriff der Jungfrau *und* Mutter Gottes, ein weiteres ist die Lehre, daß Gott, der Sohn, von Gott, dem Vater, »erzeugt« worden ist, obwohl Gott Vater, Sohn und heiliger Geist von Anfang an eins gewesen sind. Gewiß fällt es selbst gläubigen Christen schwer, dieses »Mysterium« zu verstehen, aber man kann sicher nicht behaupten, daß diese Aussagen sinnlos wären, weil sie (im üblichen Sinne des Worts) unlogisch sind.

Religiöse Aussagen haben unbestreitbar einen Sinn, aber eben einen Sinn, der sich auf eine metaphysische Wirklichkeit bezieht, während die normalen logischen Aussagen einen Sinn haben, der sich auf die physische Wirklichkeit bezieht. Das Nichtlogischsein religiöser Aussagen ist selber Teil des zu ihnen gehörenden Code, ein Index für das, worüber sie Aussagen sind; es zeigt uns an, daß es bei ihnen um die metaphysische und nicht um die physische Wirklichkeit geht, um Glauben und nicht um Wissen.

Dieser letztere Unterschied ist wichtig. Wir sagen normalerweise nicht »Ich glaube, daß 3 mal 3 neun ist«. Wir behandeln dieses Rechenexempel als simple und logische Tatsachenaussage, von der wir *wissen*, daß sie wahr ist. Sobald wir aber religiöse Aussagen machen, sprechen wir vom Glauben: »Ich *glaube* an Gott, den Vater ...« Das »Ich glaube ...« ist gleichsam eine Warnung, die ankündigt, daß für das nun Folgende die Regeln der gewöhnlichen Logik nicht gelten.

Ein charakteristisches Merkmal dieser Nicht-Logik bzw. Mytho-Logik ist, daß in ihr Metaphern als Metonymien behandelt werden. Nehmen wir z. B. die Aussagen: (1) Gott ist der Vater, (2) Gott ist der Sohn, (3) Gott ist der Heilige Geist. Wenn man diese drei Aussagen als getrennte Metaphern betrachtet, dann sind die Ausdrücke »Vater«, »Sohn«, »Heiliger Geist« in der von mir eingeführten Terminologie alternative *Symbole* für ein und denselben metaphysischen Begriff »im Geiste«.

Die Eigentümlichkeit des religiösen Sprechens besteht nun aber gerade darin, daß es den metaphorischen Charakter dieser Ausdrücke bestreitet und behauptet, sie seien »wahr« und zudem »gleichzeitig wahr«. Es wird auf dieser Ebene zwischen diesen drei Schlüsselausdrücken ein Metonymieverhältnis hergestellt, sie werden zu wechselseitig untereinander abhängigen *Zeichen*. Auf diese Weise wird »Vater/Sohn« zu einem Zeichenpaar, und wir behaupten den »Unsinn«, daß Gott sein eigener Vater und sein eigener Sohn ist – einen Unsinn, in dem wiederum Sinn steckt.

Mytho-logische Aussagen stehen im Konflikt mit den logischen Regeln der normalen physischen Erfahrung, können aber »im Geist« Sinn ergeben, sofern der Sprecher und der Zuhörende bzw. der den Sinn zur Schau Stellende und sein Publikum die gleichen Vorstellungen über die Attribute der metaphysischen Zeit und des metaphysischen Raums und metaphysischer Objekte haben. Diese Attribute weisen in menschlichen Gesellschaften eine gewisse allgemeine Uniformität auf. Ich will im nächsten Kapitel einige dieser Universalien etwas näher betrachten.

16. Kosmologische Grundelemente

Den Kern der Sache macht unsere Erkenntnis aus, daß der Mensch sterblich ist und daß Krankheit ihn mit dem Tode bedroht; und der Zentralpunkt aller Religionen liegt im Verleugnen der Möglichkeit, daß der Tod automatisch die Vernichtung des eigenen Selbst mit sich bringt.

Wenn nun aber »ich« den Tod irgendwie als »ein anderes Wesen« überlebe, muß dieses »andere Wesen« in einer »anderen Welt« und einer »anderen Zeit« beheimatet sein; und das fundamentalste Charakteristikum dieses »Andersseins« besteht darin, daß es das Gegenteil bzw. eine Verkehrung der alltäglichen Erfahrung ist.

Gottesbegriffe leiten sich aus einer ähnlichen Verkehrung und Umkehrung her. Wir sind uns als Menschen unserer Ohnmacht bewußt, weil wir unsere materiellen Lebensumstände nur in sehr geringem Maße verändern können; und die Umkehrung des Begriffs der Ohnmacht bildet der Begriff der Allmacht, er ist das ihm zugehörige »Andere«. Die Gottheit als allmächtiges »anderes Wesen«, das in einer »anderen Welt« und »anderen Zeit« beheimatet ist, hat also ähnliche Attribute wie »das andere Selbst« der Toten; und im eschatologischen Denken verschmelzen die beiden Arten von »anderer Welt« denn auch häufig miteinander, und die verstorbenen Vorfahren werden zu Göttern.

Hier aber stellt sich ein mytho-logisches Rätsel: Wenn die Gottheit, die Quelle der »Macht«, in einer anderen Welt beheimatet ist, wie ist es dann für Menschen möglich, Zugang zu dieser Macht zu gewinnen?

Die religiöse Praxis ist eine Antwort auf diese Frage; in ihr geht es darum, eine vermittelnde Brücke zwischen »dieser« und »der anderen« Welt zu errichten, über die die Allmacht der Gottheit der menschlichen Ohnmacht zu Hilfe kommen kann.

Ich darf hier noch einmal an das erinnern, was in Kap. 7 und 13 über die Heiligkeit und Tabubeladenheit der Grenzen als solcher gesagt worden ist, und über das eng damit zusammenhängende Prinzip, daß »die Macht im Schmutz enthalten ist«.

Materiell wird diese vermittelnde Brücke durch »heilige Orte« repräsentiert, die gleichzeitig zu dieser Welt gehören und auch wieder nicht zu ihr gehören – wie z. B. unsere »Gotteshäuser«. Und die Kontrolle über die vermittelnde Brücke wird von »heiligen Männern« ausgeübt, Priestern, Einsiedlern, Schamanen, Medien oder gottbesessenen Propheten, denen man die Fähigkeit zuschreibt, schon als in dieser Welt Lebende mit den Mächten der anderen Welt kommunizieren zu können. Mythologisch – im Gegensatz zur Kultpraxis – kann diese Stelle auch von inkarnierten Gottheiten eingenommen werden, die (dank des Ineinanderlaufens von Metapher und Metonymie) gleichzeitig Götter und Menschen sind.

Und noch eine andere Verallgemeinerung ist dann möglich: Weil der Geschlechtsverkehr ersichtlich lebenerzeugend ist und es bei der Eschatologie um das Ableugnen des Todes geht, ist die ja auch uns geläufige Gleichsetzung von Potenz als Macht schlechthin und Potenz als sexueller Zeugungsfähigkeit ungeheuer weit verbreitet. Die »Kraft des heiligen Geistes« ist magische Kraft in einem sehr allgemeinen Sinn, aber auch die Kraft, eine Frau schwanger zu machen.

Die topographischen Details einer solchen metaphysischen Kosmologie können höchst unterschiedlich beschaffen sein. Die »andere Welt« kann sich »im Himmel« befinden, oder »unter dem Meer«, »in den Bergen«, »im Wald«, »auf der anderen Seite der Bucht«, »jenseits der Wüste«. Das Einzige, was man ganz allgemein über sie aussagen kann, ist, daß sie sich *nicht* im Hier und Jetzt befindet. Häufig ist sie in untereinander kontrastierende Schichten gegliedert – z. B. Himmel, Purgatorium und Hölle. Und bis zu einem gewissen Grade verschmilzt das Gegensatzpaar »diese Welt« (»der körperlichen Erfahrung«/»die andere Welt«) (des metaphysischen Glaubens) immer mit Gegensatzpaaren wie menschlich/tierisch, zahm/wild, oder Kultur/Natur – wobei »Kultur« als »die Lebensweise von uns Menschen in unserer Gesellschaft«, als »Zivilisation« definiert werden kann, während »Natur« dann alles übrige ist.

Der Vermittler, sei er nun ein »wirklicher« Mensch, etwa ein

Schamane, oder ein mythologischer Gottmensch, besitzt dann »Schwellenattribute«, er ist zugleich sterblich und unsterblich, Mensch und Tier, zahm und wild.

So wohnen z. B. die biblischen Propheten (als Vermittler zwischen der Stadt Gottes und der Stadt der Menschen) »in der Wildnis«; und die Hindugottheit Ganesha, der Gott der Schwellen und Türhüter der Tempel, hat einen Menschenkörper und einen Elefantenkopf. Und in totemistischen Systemen sind die Totem-Ahnen zugleich Dingkategorien und natürliche Arten und soziale Gruppen.

Solches Verschmelzen von Gegensätzen ist, wie ich schon gesagt habe, unter dem Gesichtspunkt der normalen Logik »Unsinn«, aber dem Gesichtspunkt der Mytho-Logik vollkommen konsistent.

Nehmen wir z. B. den folgenden Syllogismus:

(1) Weil Götter unsterblich sind, ist es anomal, wenn ein Gott (eine Göttin) sich sexuell fortpflanzt.

(2) Weil Menschen sterblich sind, ist es anomal, wenn ein Mann (eine Frau) sich nicht sexuell fortpflanzt.

(3) Folglich ist es für einen Gottmenschen anomal, wenn er sich sexuell fortpflanzt, und es ist ebenso anomal, wenn er sich nicht sexuell fortpflanzt.

Eine ungeheure Menge von Glaubenslehren und -praktiken läßt sich durch dieses Paradox »erklären«. Auf dem Niveau der Mythologie verursacht es die Art von Widersprüchen, die hier schon einmal angesprochen worden sind – daß der Sohn zugleich der Vater ist, daß Aiyanar zugleich Schiwa ist, oder Horus Osiris. Und auf dem Niveau der Praxis verursacht es die Unentschiedenheit darüber, ob die wahre Betätigung der auf das Andere gerichteten Heiligkeit im Übermaß oder in der Unterdrückung sexueller Aktivitäten besteht.

Die Macht der Götter ist auf's engste mit sexueller Potenz verflochten. Die Götter der griechischen Antike und des Orients waren notorisch ausschweifend; und es ist ja nicht mehr als plausibel, daß einem mythologischen Ahnherrn (bzw. einer Ahnfrau) ein gewisser sexueller Betätigungsdrang zugeschrieben wird. Andererseits ist jedoch bei Menschen, die die Heiligkeit anstreben, extreme sexuelle Askese äußerst häufig – was manchmal damit begründet wird, daß der Verlust von Samen einen Verlust spiritueller Kraft bedeutet, manchmal damit, daß die völlige Enthaltsamkeit vom Geschlechtsverkehr den Menschen gottgleich mache, und manchmal damit, daß die sexuelle Betätigung *per se* böse sei. Dessenungeachtet aber müssen die göttlichen Ahnherren zugleich auch die patriarchalischen Prototypen der Heiligkeit sein. Es gibt unzählige Weisen, mit diesem Widerspruch fertigzuwerden; in jedem Falle aber dienen die Äquivokationen der Mytho-Logik dazu, die auftretenden Inkonsistenzen zu maskieren. Sehen wir uns dazu einige Beispiele an!

Eine Lösung dieses Dilemmas besteht darin, daß man den Ahnherrn erst im höchsten Alter Kinder erzeugen läßt. So erzeugte Adam den Seth, als er 130 war; und Abraham erzeugte Isaak, als er 100 war. Und in ähnlicher Weise werden Sexualität und Sünde dadurch getrennt, daß man den erwarteten Heilsbringer von einer heiligmäßigen Frau zur Welt bringen läßt, die entweder über das natürliche Alter der Gebärfähigkeit hinaus ist oder aus einem anderen Grunde vorher unfruchtbar war – wie z.B. Sarah, Rebekka, Rachel oder Elisabeth.

Aber damit ist der vorgeführte Syllogismus noch nicht außer Kraft gesetzt: Wenn der Ahnherr *wirklich* ein unsterblicher Gott ist, muß das sexuelle Zeugen etwas für ihn Irrelevantes sein, das Erzeugen von Nachkommen kann für ihn keine Bedeutung haben. Wenn er dagegen *wirklich* ein Mensch ist, muß er auch normale menschliche Triebe haben.

Im Mythos wird häufig zu der Lösung gegriffen, daß man den Gottmenschen mit einer Prostituierten verkehren läßt, oder man läßt den halbgöttlichen und asketischen Ahnen von einem »bösen Weib« verführt werden, das anschließend zu einer heiligen Ahnin wird. Die Sexualität bleibt ein notwendiges Übel, die sexuelle Potenz des Heiligen wird eingestanden, gleichzeitig aber behält er auch angesichts der Verderbnis sein heiliges Asketentum. Ein gutes Beispiel ist die Verführung Judas durch seine Schwiegertochter Thamar im ersten Buch Mose (Kap. 38). Und im Neuen Testament wird entsprechend die Menschlichkeit Jesu durch den wiederholten Hinweis auf seinen Umgang mit Zöllnern und Sündern unterstrichen, zu denen auch Maria Magdalena gehört. Gleichzeitig aber wird seine Göttlichkeit dadurch hervorgehoben, daß er als Sohn der Jungfrau Maria gekennzeichnet wird, die auf diese Weise den Rang einer Gefährtin Gottes hat. Mythologisch betrachtet wird durch Maria, die von Sünden freie Jungfrau, und durch Maria Magdalena, die Sünderin, »ein und dieselbe Person« verkörpert.

Dieses christliche Mythenmuster hat eine ganz auffallende Ähnlichkeit mit Mustern der Hindu-Mythologie, vor allem mit der Geschichte von Shiva und Parvati. Shiva ist der asketischste aller Yogis, und seine göttliche Macht kommt aus dieser Askese. Zugleich aber ist er, als Gefährte der schönen Parvati, die die schönste Frau des Universums ist und eigens von den Göttern geschaffen wurde, um den unverführbaren Shiva zu verführen, der leidenschaftlichste aller Liebhaber.

Die Ambiguität des Mythos im ganzen dreht sich um den Umstand, daß Parvati nach dem Versprechen der Götter sowohl ein Kind von Shiva haben soll als auch gleichzeitig überhaupt kein Kind bekommen soll. Zum Schluß wird Skanda (Aiyanar – der wieder nur eine andere Gestalt von Shiva selbst ist) als Sohn von Shiva und Parvati eingeführt, obwohl Parvati überhaupt kein Kind geboren hat. (Vgl. O'Flaherty 1973).

Solche Geschichten sind nicht bloß gleichsam Fingerübungen in der Kunst der Paradoxie, sondern enthalten auch praktische Implikationen: Der fromme Brahmin hat einerseits die moralische Pflicht, männliche Nachkommen zu erzeugen, andererseits aber auch die Pflicht, sich immer mehr zum Asketen zu entwickeln, und der Mythos enthält gleichsam die Gründungsurkunde für beide Verhaltensformen.

Und außerdem ist der paradoxe Charakter der Mythen selber ein Bestandteil der von ihnen vermittelten Botschaft; denn was nicht natürlich ist, ist übernatürlich.

Die mytho-logische Widersprüchlichkeit der von uns betrachteten Beispiele illustriert ein allgemeines Prinzip.

Die Askese ist ein Weg zur persönlichen Reinheit; die Ekstase ist ein Weg zur mystischen Macht. Die Dinge und Verhaltensweisen, die in asketischen Kulten als unrein gelten, sind typischerweise die, die in ekstatischen Kulten als Quellen von Macht gelten. Für die einen ist der sexuelle Akt der Prototyp des Bösen, für die anderen ein Symbol des Göttlichen. Meist existieren diese beiden Einstellungen Seite an Seite in ein und demselben Kultursystem. Die Idee der durch Askese erlangten göttlichen Reinheit und die Idee der durch Ekstase erreichten göttlichen Macht bedingen und implizieren sich wechselseitig.

Die religiöse Praxis jedoch präsentiert diese binäre Dyade notwendigerweise in Gestalt separabler Gegensatzpaare – wie z. B. rasierter Schädel/langes Haar, Eunuch/Sexualathlet –, und das Kultverhalten betont normalerweise die eine Seite auf Kosten der anderen. Die metyphysische Brücke, die über die Grenze zwischen »dieser« und »der anderen« Welt führt, wird entweder von asketischen Priestern oder von ekstatischen Geistermedien (Schamanen) beaufsichtigt.

Und wo es gelegentlich zu Vermischungen beider kommt, ist diese ein Anlaß zu Verlegenheiten. So läßt sich z. B. die Mystik der Heiligen Theresa mit ihren ausführlichen sexuellen Metaphern nur schwer mit der asketischen Orthodoxie der katholischen Kirche (die ihrer Priesterschaft das Zölibat abverlangt) in Einklang bringen.

Bevor ich dieses Thema beschließe, möchte ich noch einmal an Kapitel 14 erinnern und auf die Ambivalenz in den Bestimmungen der unilinealen Abstammungsgruppe und der Endogamie und Exogamie eingehen. Diese Ambivalenz ist am offensichtlichsten im Falle der exogamen patrilinealen Abstammungsgruppen: Jede durch Heirat neu in die Gruppe eintretende Frau ist zunächst eine Fremde, ein Äußeres und Böses, ein Sexualobjekt, unrein. Nach und nach wird sie dann zur Mutter neuer Angehöriger der Gruppe, und damit wird sie gut, ja zum Musterbild der Tugend und Reinheit und zum genauen Gegenteil eines Sexualobjekts. Es gibt hier also eine moralische Polarisierung, die sich in den folgenden äquivalenten Gegensatzpaaren ausdrückt:

Frau/Mutter = sexuell/asexuell = unrein/rein =
sündig/sündenfrei.

Wie man sieht, entspricht dies dem Muster der beiden christlichen Marien, auf das ich bereits hingewiesen habe.

Man muß diese Beobachtung im Licht der anthropologischen Theorien über den Ursprung des Inzesttabus betrachten. Es gibt eine ganze Reihe solcher Theorien, und keine ist wirklich befriedigend. Eine, die in etwas unterschiedlichen Fassungen von Tylor und Lévi-Strauss vertreten worden ist, besagt, daß den Kern des Inzesttabus das Verbot sexueller Beziehungen zwischen Bruder und Schwester bildet; denn in männerdominierten Gruppen verlangt die Exogamieregel den Austausch von Frauen, d.h. wer eine Frau erwerben will, muß imstande sein, eine Schwester für sie fortzugeben.

Der Gedankengang dieses Kapitels läßt eine andere (ebenfalls strukturelle) Möglichkeit plausibel erscheinen, die den psychologischen Gegebenheiten vielleicht näherkommt: nämlich daß die Unumkehrbarkeit der Transformation Frau – Mutter, die polare Entgegengesetztheit dieser Kategorien und die beständige Notwendigkeit, sich vor der Ambivalenz zu hüten, die im Hindumythos von Parvati und im christlichen Marienmuster zum Ausdruck kommt, den Kern der Sache bildet. Dies wäre eine neue Version der These von Malinowski, daß die »Funktion« des Inzesttabus darin bestehe, ein Durcheinander der sozialen Rollen zu verhindern.

Aber auch diese Inzesttheorie hat noch ihre Unzulänglichkeiten. Eine wirklich adäquate Theorie müßte in allen Punkten den Prinzipien genügen, die ich in diesem Buch immer wieder herausgestellt habe. Sie müßte die ganze Vielfalt der Sexualvergehen als Klasse betrachten und dann die Permutationen ihrer Beziehungen zueinander untersuchen. Es kann in ihr nicht bloß darum gehen, den Zusammenhang zwischen Exogamie und Bruder-Schwester-Inzest zu betrachten, oder zwischen dem Status »Frau« und dem Status »Mutter«; sie müßte den gesamten Kategorienbereich der sexuellen Sünden und des sexuellen Fehlverhaltens – Inzest, Sodomie, Homosexualität, Vergewaltigung, Ehebruch, unerlaubte Unzucht usw. – heranziehen und untersuchen, wie und warum sie unterschieden werden, wo und warum die Grenzen zwischen legitimem und illegitimem Sexualverhalten verlaufen. Eine solche Studie existiert bisher noch nicht; wenn sie jedoch einmal in Angriff genommen wird, wird sie die Vielzahl der strukturellen Transformationen berücksichtigen müssen, die wir hier betrachtet haben.

17. Übergangsriten (Rites de Passage)

Ich habe schon einmal gesagt, daß es bei den meisten rituellen Anlässen um das Überschreiten einer sozialen Grenze von einem sozialen Status zum nächsten handelt – vom Lebenden zum Toten und Ahnherrn, von der Jungfrau zur Frau, vom Zustand der Krankheit und Unreinheit in den Zustand der Gesundheit und Reinheit. Die dabei vollführten Zeremonien haben eine Doppelfunktion, einerseits geben sie die Statusveränderung kund und andererseits bringen sie sie auf magische Weise zustande. Außerdem aber kann man sie auch als Intervallmarkierungen im Ablauf der sozialen Zeit betrachten.

In einem sehr weit gefaßten Sinn haben alle Übergangsriten eine strukturelle Ähnlichkeit, sie sind nämlich dreiphasig.

Zuerst muß der Initiand, der sich der Statusveränderung unterziehen soll, aus seiner bisherigen Rolle herausgelöst werden. Dies kann auf vielfältige Weisen geschehen, die alle Teil desselben rituellen Vorgangs sein können. Z.B. kann es sein, daß der Initiand

(a) sich mit einer Prozession vom Ort A zum Ort B begibt,

(b) seine bisherige Kleidung ablegt, daß

(c) Opfertiere getötet werden, das Leben aus ihrem Kadaver vertrieben wird, oder Opfergegenstände entzweigeschlagen werden,

(d) der Initiand durch rituelle Waschungen, Scheren des Kopfes usw. von dem ihn bedeckenden »Schmutz« gereinigt wird.

Im allgemeinen bewirken diese Trennungsriten, daß die normale Existenz des Initianden suspendiert und er vorübergehend zu einer abnormen Person wird, die in einer abnormen Zeit existiert.

Auf den Trennungsritus folgt ein Intervall sozialer Zeitlosigkeit (vgl. Kap. 7), das sich – nach unserer Uhrzeit gemessen – über wenige Augenblicke oder über Monate erstrecken kann. Beispiele für die letztere Möglichkeit sind die bei uns traditionellen Flitterwochen oder das herkömmliche Trauerjahr bei Witwen. Das allgemeine Merkmal solcher Marginalitätsriten (*rites de marge*) besteht in der physischen Unterbrechung des alltäglichen Verkehrs mit Leuten, entweder dadurch, daß der Initiand aus seiner gewohnen Umwelt entfernt wird, oder dadurch, daß er sich vorübergehend in einer abgesonderten Räumlichkeit aufhalten muß, zu der profane Menschen keinen Zutritt haben.

Diese soziale Absonderung wird noch dadurch unterstrichen, daß der Initiand allen möglichen Geboten und Verboten im Hinblick auf Nahrung, Kleidung und zulässiges Verhalten überhaupt unterworfen wird.

Für die gewöhnlichen Menschen ist der Initiand in diesem Zustand »ansteckend heilig«, infolge der Heiligkeit seines besonderen Zustands zugleich auch gefährlich und »unrein«. In Übereinstimmung mit dieser Idee gehören zu den Ritualen, durch die der Initiand wieder in das normale Leben zurückgebracht wird, fast immer auch rituelle Waschungen.

In dieser dritten und letzten Phase wird der Initiand wieder in die normale Gesellschaft eingegliedert und übernimmt seine neue Rolle. Die Vorgänge bei diesem Aggregationsritus entsprechen häufig ziemlich genau denen des anfänglichen Separationsritus, nur verlaufen sie jetzt in der umgekehrten Reihenfolge – die Prozession führt diesmal von B nach A, die für den marginalen Zustand vorgeschriebene Kleidung wird abgelegt und durch die dem neuen Status angemessene ersetzt, die Opfer werden wiederholt, die Fastenvorschriften aufgehoben, das Haar darf wieder wachsen, usw.

Die Rollenumkehrung kann auf alle möglichen Arten zum Ausdruck kommen, entsprechend solchen Gegensatzpaaren wie Fasten/Prassen, übertrieben »korrekter Anzug«/übertriebene Formlosigkeit mit vernachlässigter Kleidung und Transvestitenspielen, Umkehrung einer Vorgangsfolge. Die »Logik« des Geschehens ist nur selten durchschaubar.

Das allgemeine Dreiphasenschema, das ich eben skizziert habe, ist in Abbildung 7 dargestellt. Das Ausmaß, in dem bestimmte rituelle Sequenzen diesem Schema entsprechen, hängt unter anderem auch vom Scharfsinn und Vorstellungsvermögen des analysierenden Anthropologen ab; ich persönlich finde diese Art von Diagrammen hilfreich.

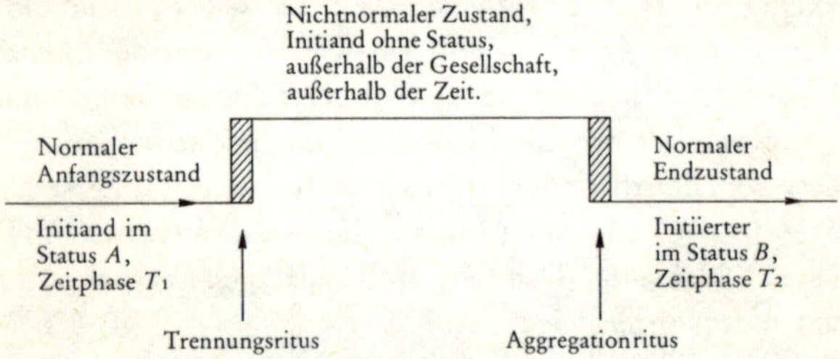

Abbildung 7

Noch eine Verallgemeinerung ist in diesem Kontext weitgehend anwendbar:

Weil jede Diskontinuität in der sozialen Zeit das Ende einer Periode und den Anfang einer neuen bildet, und weil »Geburt/Tod« ein »natürlicher« Ausdruck für alle Arten von Anfang/Ende sind, ist der Symbolismus von Tod und Wiedergeburt Übergangsriten überhaupt angemessen und auch in einer großen Zahl von Fällen anzutreffen.

Trauerriten werden häufig durch das Dogma bestimmt, daß der Tod bloß der Eingang zu einem künftigen Leben ist. Umgekehrt handelt es sich bei Ritualen wie der Beschneidung, dem Haarescheren, Zähneausschlagen und anderen Verstümmelungen, die den Eintritt des Initianden in die Erwachsenengesellschaft so häufig markieren, nicht nur um Reinigungsmetaphern (vgl. Kap.

13 (d)), sondern auch um Metaphern des Todes: Das Kind muß sterben, bevor der Erwachsene geboren werden kann.

In manchen Fällen kommt dies im Mythos klar zum Ausdruck. So wird im ersten Buch Mose (Kap. 17, 21, 22) die Beschneidung als Zeichen für den Bund zwischen Gott und Abraham eingeführt, bei dessen Einhaltung Abraham zum »Vater vieler Völker« werden soll; und bevor Isaak zum Ahnherrn des Volkes Israel werden kann, muß er zuerst beschnitten und anschließend »beinahe« von seinem Vater geopfert werden.

18. Die Logik des Opferns

Die Argumentation der beiden letzten Kapitel ist wieder sehr abstrakt geworden; und ich könnte mir vorstellen, daß der Leser sich jetzt fragt, wie eine so hochgradig abstrakte Theorie praktisch anwendbar sein soll. Auf welche Weise kann dies dem Anthropologen, der es mit einem ihm vollkommen fremden Brokken kulturell definierten Verhaltens zu tun bekommt, dabei helfen zu verstehen, was vor sich geht?

Deshalb wollen wir im gegenwärtigen Kapitel diese Theorie auf Opferprozeduren anwenden. Sie erscheinen mir als ein geeigneter Testfall, weil Tieropfer zwar ein weitverbreiteter Bestandteil religiöser Rituale sind, aber den meisten Lesern nicht aus erster Hand bekannt sein dürften. Daher wollen wir jetzt detaillierte Beschreibungen solcher Opfer betrachten und uns fragen, wie weit unsere Theorie uns tatsächlich hilft, die geschilderten Vorgänge aufzuklären.

Das Rätselhafteste an den Tieropfern ist die Todesmetapher. Was hat das Töten von Tieren mit der Kommunikation zwischen Mensch und Gottheit zu tun, oder mit der Veränderung des sozialen Status bei einem Individuum? Aber das Problem, das sich mir im Augenblick stellt, sieht anders aus, nämlich so: Wie kann ich den Gesamt-Kontext eines typischen Opferrituals so beschreiben, daß der Leser ein Gefühl für den Komplexheitsgrad der Probleme bekommt, auf die der analysierende Anthropologe stößt, wenn ihm derartige Vorgänge bei der Feldforschung begegnen? Denn in allen Feldforschungssituationen geschieht ja immer eine ganze Menge auf einmal. Jede rituelle Aktivität hat – zumindest – eine visuelle, verbale, räumliche und zeitliche Dimension, und daneben können auch noch Geräusche, Gerüche, Geschmacks- und Tastempfindungen für sie relevant sein. Und viele Aktionssequenzen werden mehrfach wiederholt, wobei sich für den Beobachter die Frage stellt, was an den dabei auftretenden geringfügigen Abwandlungen signifikant, bloß zufällig oder redundant ist.

Rekapitulieren wir zunächst einmal die Theorie als solche. Die Argumentation der Kapitel 7, 11 und 17 gibt uns zwei recht unterschiedliche Modelle für die Art und Weise an die Hand, wie religiöse Rituale eine Beziehung zwischen der Welt der physischen Erfahrung und der »anderen« Welt der metaphysischen Imagination zum Ausdruck bringen.

Modell I ist in Kapitel 7 durch Abbildung 4 schematisch dargestellt worden, die ich hier – mit einem anderen Erläuterungstext – als Abbildung 8 wiederhole. Der Begriff der anderen Welt wird durch eine direkte Umkehrung der Charakteristika der normalen Erfahrung erzeugt: *Diese* Welt wird von sterblichen, ohnmächtigen Menschen bevölkert, die ihr Leben im normalen Zeitablauf hinbringen, bei dem die Ereignisse der Reihe nach aufeinander folgen. Wir werden in dieser Welt »die ganze Zeit« älter, und zuletzt sterben wir. Die *andere* Welt wird von unsterblichen, allmächtigen Göttern bevölkert, die beständig in einer abnormen Zeit existieren, in der Vergangenheit, Gegenwart und Zukunft stets »gleichzeitig da« sind.

Bei diesem ersten Modell hat »die Macht« – als Quelle der Gesundheit, des Lebens, der Fruchtbarkeit, des politischen Einflusses und des Reichtums – ihren Ort in der anderen Welt, und der Zweck der religiösen Verrichtungen besteht darin, eine Brücke bzw. einen Kommunikationskanal zu errichten, so daß die Macht der Götter den sonst ohnmächtigen Menschen zugänglich gemacht wird.

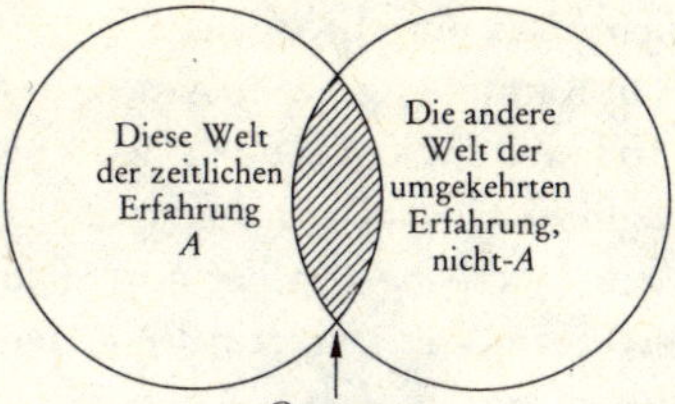

Abbildung 8

Diese Welt und die *andere* Welt werden hier als topographisch getrennte Räume aufgefaßt, zwischen denen eine Grenzzone liegt, die an den Beschaffenheiten beider teilhat; und es ist diese Grenzzone (manifest z. B. als Kirche, Friedhof, Schrein), auf die sich die rituellen Aktivitäten konzentrieren. Die metaphysischen »Personen«, an die sich diese rituellen Aktivitäten richten, sind mit den geheiligten Orten assoziiert und werden typischerweise als Ahnen, Heilige oder inkarnierte Gottheiten verstanden. Früher einmal waren sie ganz gewöhnliche Menschen, die einen ganz gewöhnlichen Tod gestorben sind, danach aber sind sie zu unsterblichen Göttern geworden. Wie die Grenzzone selbst, nehmen sie an den Beschaffenheiten beider Welten teil.

Und die Menschen, die die rituellen Aktivitäten ausführen, sind nach den für Normalmenschen geltenden Kriterien ebenfalls abnorm – entweder Priester, die sich vor dem Vollzug des Rituals in einen besonderen Zustand ritueller Reinheit versetzen müssen, oder Schamanen, Geistermedien, die über die abnorme Fähigkeit verfügen, sich in Trance zu versetzen, um in diesem Zustand vermeintlich mit Wesen aus der anderen Welt zu kommunizieren.

Die Alternative hierzu, das *Modell II,* wird durch die Abbildung 7 im Kapitel 17 dargestellt. In ihm liegt die Betonung mehr auf der metaphysischen Zeit als auf dem metaphysischen Raum oder halb-metaphysischen Personen. Die soziale Zeit erhält in ihm den Charakter der Diskontinuität; denn der kontinuierliche Ablauf der normalen, »säkularen« Zeit wird durch Grenzintervalle heiliger Nicht-Zeit unterbrochen.

Wie wir bereits in Kapitel 17 gesehen haben, besteht der Zweck der rituellen Aktivität in diesem Modell (wo sie nicht unbedingt einen explizit religiösen Charakter haben muß) darin, am Anfang der Zeremonie den Übergang von der normalen zur abnormen Zeit zu bewerkstelligen, und an ihrem Ende den Übergang von der abnormen zur normalen Zeit.

Diese beiden Modelle stehen nicht im Widerspruch zueinander, sie verhalten sich vielmehr komplementär; jedes von ihnen oder auch beide zusammen können im konkreten Fall Licht auf die Struktur beobachteter ritueller Handlungen und den in ihnen verborgenen Zweck werfen.

Wie steht es nun mit den Tieropfern?

Eine Auffassung, die durch die Sprache, die die Opfernden selbst im Zusammenhang mit ihren Opfern vielfach gebrauchen, gestützt wird, besagt, daß das Opfer ein Geschenk oder ein Tribut ist, den man den Göttern entrichtet, oder eine Strafe, die man ihnen zahlt: In der Opferhandlung drückt sich das Prinzip der Gegenseitigkeit aus; indem man den Göttern ein Geschenk macht, verpflichtet man sie, dieses Geschenk mit Wohltaten zu erwidern.

Nach Modell I dürfte die Logik, die zu der Annahme führt, daß es sich beim Darbringen eines Opfers um ein Geschenk an die Götter handelt, wenigstens zum Teil auf den folgenden metaphorischen Assoziationen beruhen: Die Seelen Verstorbener gehen aus der Normalität dieser Welt in die Abnormität der Grenzzone über, und danach werden sie, durch eine weitere Transformation, unsterbliche Ahnengottheiten in der anderen Welt. Wenn wir nun einem Wesen in der anderen Welt ein Geschenk machen wollen, muß »die Seele«, die metaphysische Essenz des Geschenks, auf demselben Wege dargebracht werden, den die Seele des Verstorbenen zurückgelegt hat; also muß das Geschenk zuerst getötet werden, so daß seine metaphysische Essenz von seinem materiellen Körper getrennt wird, und anschließend muß diese Essenz durch Rituale in die andere Welt gebracht werden, die Begräbnisritualen analog sind.

Auf einem bestimmten Niveau denken Menschen offenbar so über ihre Opfer, obwohl die Geschenk-Metapher sehr leicht irreführend werden kann; denn die Götter brauchen ja keine Geschenke von den Menschen, sondern Zeichen ihrer Unterwerfung. Materiell gesehen kann das Opfertier für den Opfernden einen beträchtlichen ökonomischen Verlust bedeuten, aber auf dem metaphysischen Niveau geht es nicht um diesen ökonomischen Gesichtspunkt. Worauf es ankommt, ist der Akt des Opferns als solcher, bei dem es sich in der Tat um das symbolische Darbringen eines Geschenks handelt, das aber (vgl. hierzu Kap. 1) Ausdruck einer wechselseitigen Beziehung ist und kein Austausch von materiellen Gütern.

Faktisch wird denn ja auch der größere Teil des Fleisches vom Opfertier von den »Gemeindemitgliedern«, den Freunden und Verwandten des Opfernden verzehrt; und wo dies nicht der Fall ist, wird entweder nur ein Kleintier geopfert oder das Opfertier sogar durch ein Objekt ohne merklichen ökonomischen Wert ersetzt. So hat z. B. Evans-Pritchard beschrieben, wie bei den Nuer unter bestimmten Umständen ein zu opfernder Ochse durch eine wildwachsende Gurke ersetzt wird.

In jedem Fall jedoch handelt es sich bei dem geopferten Tier oder Objekt um ein metonymisches Zeichen für den Spender der Opfergabe, der, indem er einen zum Grenzbereich gehörenden Priester das Opfer im Grenzbereich darbringen läßt, eine Brücke zwischen der Welt der Götter und der Welt der Menschen errichtet, über die die Macht der Götter auf ihn zukommen kann.

Modell II führt zu einer etwas anderen Gruppe von Metaphern. Auch hier (und wie überhaupt bei allen Übergangsriten) bildet das Begräbnisritual *das* Paradigma. Beim Tode wird aus dem lebenden Menschen durch einen Naturvorgang der »Absonderung« eine Leiche und eine Geist-Seele. Die Trennung zwischen den beiden wird als »Reinigung« der Geist-Seele betrachtet, die sich zunächst in einer Zwischenwelt, von der bisherigen Umwelt abgesondert, aber noch in ihrer Nähe aufhält. Im Gegensatz zu dieser Reinigung der Seele ist das, wovon sie nun abgesondert ist, d. h. die Leiche und ihre engsten Angehörigen, verunreinigt.

Nach einer bestimmten Zeit wird der Geist durch weitere Rituale in die Kategorie der Ahnen erhoben, die Verunreinigung der Hinterbliebenen wird aufgehoben und sie werden wieder in die normale Gesellschaft eingegliedert. Wie allgemein anwendbar dieses Modell ist, zeigt sich an der Häufigkeit, mit der die Metapher Tod und Wiedergeburt in allen Arten von Initiationsriten auftritt (vgl. hierzu den Schluß von Kapitel 17).

Das vorstellungsmäßige Paradigma dabei ist die Trennung des Initianden in einen reinen und einen unreinen Teil, die durch das Ritual vollzogen wird. Der reine Teil wird vom Initianden in seinen neuen Status mitgenommen, während der unreine Teil ausgeschieden wird und zurückbleibt. Beim Schlachtopfer tritt das Opfertier an die Stelle des Initianden, gleichzeitig aber vertritt es auch den Opfernden, der auf diese Weise ebenfalls gereinigt und in einen neuen rituellen Status initiiert wird.

Es handelt sich unter diesem Gesichtspunkt beim Opfer um einen magischen Akt, der den ganzen Vorgang in sein nächstes Stadium bringt. Und die Aura der Heiligkeit, die den Akt der Schlachtung umgibt, stimmt damit zusammen, daß es sich beim Opfer um eine Grenzmarkierung innerhalb der sozialen Zeit handelt (vgl. Kapitel 7, 13 (d)).

Ich möchte diese allgemeine Theorie jetzt auf eine ganz bestimmte sinnvolle ethnographische Beschreibung anwenden, die jedermann zugänglich ist.

Und zwar handelt es sich um die biblische Geschichte von der Priesterweihe Aarons, die in zwei ganz ähnlichen Versionen in den Büchern Exodus und Leviticus (im 2. und 3. Buch Mose) überliefert ist und im Detail Opferprozeduren beschreibt, wie sie noch heute in ganz unterschiedlichen ethnographischen Kontexten überall auf der Welt beobachtet werden können. Das Opfer wird in der Geschichte explizit in Verbindung mit einem Übergangsritus gebracht, und auch seine Bedeutung als Mittel der rituellen Reinigung durch Ausscheiden des Unreinen wird deutlich sichtbar.

Der ethnographische Kontext der biblischen Geschichte ist mythologisch; die dort beschriebene Stiftshütte der Israeliten ist unter kulturellem, architektonischem und archäologischem Gesichtspunkt unmöglich. Aber die Details der im Zusammenhang mit ihr beschriebenen Rituale sind keineswegs imaginär. Der Mythos der Stiftshütte diente vielmehr dazu, die jüdischen Opferpraktiken der Zeit um 300 vor Christus im Tempel von Jerusalem zu legitimieren. Zur Zeit der ersten Niederschrift müssen die geschilderten Verhaltenskategorien ethnographischen Fakten entsprochen haben, die dem Autor unmittelbar bekannt waren; und ihre Ähnlichkeit mit Opferriten, die ich selbst in verschiedenen Teilen von Südostasien beobachten konnte, ist unübersehbar.

Ich halte es daher für vertretbar, diese Bibeltexte so zu behandeln, als ob es sich bei ihnen um das Notizbuch eines zeitgenössischen Ethnographen handelte. Es wäre also gut, wenn sich der Leser ein Exemplar der Bibel besorgt und meine Analyse Schritt für Schritt mit dem Originaltext vergleicht, genauso, wie er es bei einer modernen anthropologischen Monographie tun würde. Bei der Opferprozedur beziehe ich mich hauptsächlich auf die Kapitel 1 bis 10 und 16 des dritten Buchs Mose. Ein Teil dieses Texts entspricht weitgehend dem Kapitel 29 des zweiten Buchs Mose. Auch Teile der Kapitel 28 und 30 sind hier relevant.

Bei den überaus detaillierten Anweisungen für die Anfertigung der Bundeslade und die Errichtung der Stiftshütte in den Kapiteln 25–27 des zweiten Buchs ist die Situation anders. Hier haben wir es mit einem Modell für die räumliche Ordnung des Opfervorgangs zu tun, einer Darstellung des kosmologischen Raums, wie sie in Abb. 9 erläutert wird. Dies müssen wir jetzt etwas ausführen.

Zunächst müssen wir uns vergegenwärtigen, daß jedes religiöse Ritual, gleichgültig, ob es sich in einem behelfsmäßig am Wege errichteten Schrein abspielt oder im Altarraum einer Kathedrale, auf einer Bühne stattfindet, deren Grenzen und Teile künstlich sind. Strukturell betrachtet sind die Bestandteile einer solchen Bühne in hohem Grade standardisiert. Es gibt drei wesentliche Bestandteile:

Die Zone 1, den eigentlichen Schrein, der im Kontext des Rituals den höchsten Grad der Heiligkeit annimmt. Er enthält in der Regel ein ikonisches Symbol, das unmittelbar verdeutlicht, daß dies der Sitz der Gottheit ist, etwa ein Götterbild, einen leeren Stuhl (den Gnadenstuhl), ein Kruzifix o. ä. . . . Im Kontext des Rituals funktioniert dieser eigentliche Schrein so, als ob es sich bei ihm tatsächlich um einen Teil der »anderen Welt« handelte.

Die Zone 2, den Versammlungsplatz der Gemeinde. Wesentlich für sie ist, daß sie sich in unmittelbarer Nachbarschaft des eigentlichen Schreins befindet, aber deutlich von ihm getrennt ist. Im Kontext des Rituals dürfen gewöhnliche Gemeindemitglieder den eigentlichen Schrein nicht betreten, denn dieser ist ausschließlich den Priestern und den übrigen unmittelbar den Ritus Mitvollziehenden vorbehalten.

Die Zone 3, einen mittleren Bereich, in dem sich der größere Teil des Rituals abspielt, und der ebenfalls den Priestern vorbehalten ist.

Kosmologische Raumkategorien	Textkategorien	
Wilde Natur	Außerhalb des Lagers	
Zahme Kultur	im Lager	
Zwischenzone *A*, relativ säkular	Vorhof des Tabernakels	Versammlungsraum
Schwelle zwischen dieser und der anderen Welt	Opferaltar	Mittlerer Bereich
Zwischenzone *B*, relativ heilig	Südseite des Tabernakels Tisch und Leuchter	
Letzte Grenze dieser Welt	Vorhang	
Die andere Welt	Tabernakel (Nordseite) Gnadenstuhl, Bundeslade	Eigentliches Heiligtum

Abbildung 9

Im Kontext der einfachen Variationen der christlichen Eucharistiefeier ist »der eigentliche Schrein« der Altar, »der Versammlungsplatz der Gemeinde« ist der gesamte Kirchenraum westlich des Altars, und »der mittlere Bereich« ist der Raum zwischen dem Altar und den Altarschranken. In der Darstellung von Abb. 8 würde die Zone 1 dem rechten Kreis entsprechen, Zone 2 dem linken Kreis und Zone 3 dem Grenzbereich zwischen beiden.

In jedem konkreten Falle wird dieses Grundthema noch weiter variiert, und in den zitierten Bibelkapiteln wird ein erheblich komplizierteres Modell für die Umformung der empirischen Ritual-Bühne in den kosmologischen Raum angegeben. Ich habe versucht, diese kompliziertere Sachlage in Abb. 9 zu veranschaulichen.

Wenn man sich den Zusammenhang dieses Diagramms mit den biblischen Anweisungen klarmachen will, wird man das im 2. Buch Mose über den Bau der Stiftshütte Gesagte Punkt für Punkt durchgehen müssen, und ebenso die dazugehörigen Hinweise in den Kapiteln 4, 5 und 6 des dritten Buchs. Die Stiftshütte wird hier zwar als eine Art Zelt dargestellt, aber die Autoren haben offensichtlich an ein Tempelgebäude gedacht, dessen Grundriß sich von dem christlicher Kirchen kaum unterschied, das aber nach Norden statt nach Osten orientiert war.

Die genaue Position des Schreins im Hinblick auf das »weltliche« Lager der Stämme Israels ist nicht genau festgelegt; aber allem Anschein nach sollte sich die Stiftshütte in der Mitte des Lagers befinden, das seinerseits den Bereich der Kultur, der Domestikation, des »Zahmen« bildet, im Gegensatz zum Bereich »außerhalb des Lagers«, der ungezähmten wilden Natur.

Der Bezirk des Heiligtums im ganzen wird durch ein rechteckiges Arrangement von Vorhängen vom Lager abgetrennt (2. Mose; 27, 9–17). Der Eingang befindet sich auf der Südseite und ist durch farbige Vorhänge hervorgehoben. In der Mitte dieses Hofs befindet sich ein wesentlich solideres Bauwerk, ein überdachtes Zelt mit Bretterwänden (2. Mose; 26). Der – ebenfalls durch farbige Vorhänge gekennzeichnete – Eingang zu diesem Zelt befindet sich ebenfalls auf der Südseite. Unmittelbar vor ihm steht im Hof der Altar, eine ziemlich komplizierte Herdstätte, auf der ein vom Priester gehütetes Feuer brennt. Das Innere des Zelts selber wird wiederum durch einen Vorhang in zwei Teile geteilt. Die nördliche Hälfte, das Allerheiligste, enthält die Bundeslade und den Gnadenstuhl. In der Südhälfte, also zwischen der Bundeslade und dem Altar, ist ein geheiligter Zwischenbereich, in dem der Leuchter und der Schaubrottisch stehen (2. Mose; 26, 33–35).

Neben den verschiedenen Örtlichkeiten innerhalb des Lagers gibt es noch eine nur vage gekennzeichnete »reine Stätte« außerhalb des Lagers, in der Wildnis, wo der Priester die Asche des Altarfeuers und andere Dinge hinbringt, die wegen ihrer »Verunreinigung durch Heiligkeit« so gefährlich sind, daß sie nicht im Lager verbleiben können.

Der gesamte Bereich innerhalb der Stiftshütte ist den Priestern vorbehalten, die vorschriftsmäßige Kleidung tragen und sich im Zustand ritueller Reinheit befinden müssen, wenn sie das Altarfeuer versorgen oder das Heiligtum betreten; und für das Betreten des Allerheiligsten in der Nordhälfte der Stiftshütte gelten noch strengere Regeln.

Auf die Details der Priesterkleidung wird – als Kennzeichen der rituellen Verfassung des Priesters – großes Gewicht gelegt. Auch wenn der Priester die Asche des Altarfeuers zur »reinen Stätte vor dem Lager« trägt, muß er ein besonderes Gewand anlegen, das sich von dem sonst von ihm getragenen unterscheidet.

Gewöhnliche Gemeindemitglieder, die am Ritual teilnehmen wollen, dürfen den unbedachten Hof vor der Stiftshütte betreten, dürfen aber nicht bis zum Altar vordringen. Alle Vorgänge, die sich zwischen dem, der ein Opfer darbringt, und dem Altar abspielen, müssen durch einen Priester vermittelt werden.

Die Zuordenbarkeit der linken Hälfte von Abbildung 9 zu dieser Beschreibung ist, wie ich hoffe, klar zu sehen. In den Begriffen der metaphysischen Topographie repräsentiert das Lager »diese Welt«, das Allerheiligste »die andere Welt«. Die Zwischenzone, in der sich die rituelle Aktivität konzentriert, zerfällt in zwei Abschnitte, den relativ säkularen und tabufreien Hof A und die relativ heilige und tabubeladene Südhälfte der Stiftshütte. Der Altar, das Zentrum des Rituals, befindet sich genau auf der Grenze zwischen diesen beiden Hälften; er bildet die Schwelle, die den topographischen Übergang vom Normalen zum Anormalen, von dieser Welt in die andere markiert.

Das Altarfeuer ist der Eingang zur anderen Welt, der Kanal, durch den Gott die Opfergaben übermittelt werden, gleichzeitig aber auch der Kanal, durch den sich die Macht Gottes den Menschen unmittelbar manifestieren kann (3. Mose; 9, 24 u. 10, 2).

Soviel zum »Bühnenbild«! Sehen wir uns nun die Struktur der Rituale an, für die es den Rahmen bildet. Dazu finden sich in den ersten Kapiteln des dritten Buchs Mose zahlreiche prototypische Opferregeln.

Was bei ihnen vor allem auffällt, ist die ständige Wiederkehr der gleichen rituellen Verhaltenselemente, aber in unterschiedlichen Kombinationen und Sequenzen. Diese Elemente sind wie die Buchstaben des Alphabets, unterschiedliche Kombinationen von ihnen ergeben unterschiedliche Aussagen.

Das erste Kapitel des 3. Buchs gibt detaillierte Anweisungen für drei Arten von Brandopfer. Der Hauptunterschied zwischen ihnen besteht in der Rangordnung, d.h. im ökonomischen Wert des Opfertieres für den Opfernden: (I) ein Jungstier, oder (II) ein Widder oder Ziegenbock, oder (III) eine Taube. Bei allen dreien wird das Blut des Opfertiers um den Altar und an die Tür der Stiftshütte gesprengt und der Körper des Tieres in zwei Portionen zerlegt: das eigentliche Opfer und den Rest. Das Opfer besteht im wesentlichen aus den Nieren und dem sie umgebenden Fett; bei der Taube wird allerdings das ganze Tier mit Ausnahme des Kropfs und der Federn verwendet. Die Opferportion wird in jedem Falle auf dem Altar verbrannt; der Rest wird unterschiedlich behandelt; hier werden zunächst die Eingeweide ausgewaschen (und ihr Inhalt mit der Asche des Altarfeuers beseitigt), und dann wird der Rest auf dem Altar verbrannt.

Im 2. Kapitel wird beschrieben, wie man »dem Herrn ein Speiseopfer bringen« soll, bei dem es sich um eine Speisegabe für den Priester handelt. Es wird kein Tier getötet, sondern ein Teil des Haushaltsmahles auf vorgeschriebene Weise mit Mehl, Öl und Gewürzen zubereitet und dem Priester übergeben; dieser nimmt einen symbolischen Anteil und verbrennt ihn auf dem Altar, während er den Rest verzehrt; und zwar übt er damit nicht nur ein Recht, sondern eine Pflicht aus; denn wenn die Speise erst einmal dem Priester übergeben ist, ist sie »mit Heiligkeit verunreinigt« und viel zu gefährlich, als daß man sie wieder ins Lager zurückgelangen lassen dürfte.

Im 3. Kapitel wird das Dank- bzw. Friedensopfer eingeführt. Das Opfertier wird auf die gleiche Weise wie im ersten Kapitel getötet und zerlegt, aber dem Priester wird nur das Blut und der zu opfernde Teil übergeben, während der Spender den Rest offenbar für sich selbst behält. In diesem Kapitel werden noch einige Punkte der Opferprozedur erläutert: Der Opfernde legt vor der Tötung seine Hand auf den Kopf des Opfertiers und stellt so eine metonymische Beziehung zwischen sich selbst und dem Tier her; offensichtlich wird das Opfertier dadurch im metaphysischen Sinne zu einem Stellvertreter des Opfernden. Und im Vers 17 wird die Beschaffenheit des zu opfernden Teils als Grund dafür angeführt, daß allen Juden das Verzehren von Fett und Blut verboten sein soll.

Das 4. Kapitel behandelt das Sündopfer und die Funktion des Opfers bei der rituellen Reinigung. Das Unterscheidungskriterium gegenüber den anderen Opfertypen wird in Vers 11 genannt: Der Rest, der im 1. Kapitel verbrannt wurde und den der Opfernde im 3. Kapitel behielt, ist hier so hochgradig verunreinigt, daß er im ganzen aus dem Lager herausgeschafft werden muß, um an der »reinen Stätte«, wo die Asche des Altarfeuers hingeschüttet wird, verbrannt zu werden.

Gehen wir nun zu der mythologischen Schilderung der Priesterweihe Aarons und seiner Söhne über, die in den Kapiteln 8 bis 10 des 3. Buchs Mose beschrieben wird! Man sollte dabei nicht nur darauf achten, wer mit wem was tut, sondern auch die genaue Reihenfolge dieser Vorgänge. Die Geschichte setzt den kosmologisch-ethnographischen Kontext voraus, den ich bereits geschildert habe. Sie enthält eine ganze Menge Redundanz und Wiederholungen, aber fast jedes Detail in ihr exemplifiziert eines der theoretischen Prinzipien, die ich im Voraufgegangenen diskutiert habe. Um das zu verdeutlichen, will ich die Geschichte jetzt Vers für Vers durchgehen:

Buch 3, Kapitel 8, Vers 4: Die Gemeinde versammelt sich vor der Tür der Stiftshütte (Abb. 9, Zwischenzone A).

Vers 6: Die Initianden, Aaron und seine Söhne, werden von der Gemeinde getrennt und mit Wasser gewaschen. Man bemerke, daß Moses, der als anerkannter Priester-Vermittler unmittelbar mit Gott kommuniziert, hier als Zeremonienmeister fungiert.

Vers 7 f.: Aaron, der Hauptinitiand, wird von seinen Söhnen abgesondert und mit (im Detail geschilderten) Gewändern bekleidet.

Vers 10 f.: Das Innere der Stiftshütte, der Altar und alle Opfergeräte werden mit heiligem Öl besprengt, und auch Aaron wird mit ihm gesalbt – d. h. in eine metonymische Beziehung zu den heiligen Gegenständen gebracht. Wir erinnern uns, daß dieses Besprengen mit Salböl dem vorhin erwähnten Besprengen mit dem Blut des Opfertiers entspricht.

Vers 13: Die sekundären Initianden, Aarons Söhne, werden ebenfalls eingekleidet.

Vers 14: Ein Jungstier wird als Sündopfer herbeigeschafft, Aaron und seine Söhne berühren den Kopf des Stiers.

Vers 15 – 17: Moses opfert den Jungstier in Übereinstimmung mit den im 4. Kapitel aufgeführten Regeln.

Vers 18 – 21: Moses bringt einen Widder als Brandopfer dar, nach den Regeln des 1. Kapitels. Der Jungstier im Vers 14 (das Sündopfer) und der Widder im Vers 18 (das Brandopfer) bilden ein Paar, analog zum Taubenpaar in den Versen 7–10 des 5. Kapitels; beide sind ähnliche, aber unterschiedene Opfer und verweisen auf das nun schon redundante Trennungsthema, insbesondere die Trennung zwischen »rein« und »unrein«.

Es dürfte nützlich sein, sich hier an Abb. 7 zu erinnern: an dieser Stelle ist das »Trennungsritual« abgeschlossen.

Vers 22 f.: Ein weiterer Widder wird herbeigeschafft, der »Widder des Füllopfers« bzw. »Weiheopfers«. Hier wird die Identifizierung Aarons und seiner Söhne mit dem Widder noch konsequenter unterstrichen (Vers 24). Der zu opfernde Teil wird jedoch nicht sofort verbrannt, sondern zuerst von Aaron und seinen Söhnen über dem Altar geschwenkt. Anschließend nimmt ihnen Moses (als Priester) die Opferschale mit dem Inhalt ab und verbrennt ihn auf dem Altar.

Vers 29: Moses vollführt ein ähnliches »Schwenken über dem Altar« mit der Brust des Widders – also einem Teil, der zum »Rest« gehört – verbrennt sie aber anschließend nicht, sondern behält sie als »sein Teil«.

Vers 30: Ein nochmaliges Besprengen mit Öl und Opferblut wiederholt die Botschaft, daß Aaron mit dem Opferteil des Tieres identifiziert wird, und nicht mit dem Rest.

Vers 31: Moses übergibt das Fleisch vom »Rest« Aaron und seinen Söhnen, es vor der Tür der Stiftshütte zu kochen und zu verzehren und diesen Ort sieben Tage lang nicht zu verlassen. (Hierzu vgl. wieder Abb. 7.) Das Ende des *rite de marge*, des Schwellenrituals ist erreicht, und der neugeweihte Priester muß durch einen Aggregationsritus mit seinem neuen Status in die Gesellschaft eingegliedert werden.

Kapitel 9, Vers 1 – 4: In diesem Kapitel wird eine Reihe von paarweise einander zugeordneten Tieropfern vollzogen (vgl. dazu das zu Kap. 8, 18 – 21 Gesagte):

<table>
<tr><td>(I)</td><td>ein Sündopfer (Kalb)</td><td rowspan="2">von Aaron dargebracht</td></tr>
<tr><td>(II)</td><td>ein Brandopfer (Widder)</td></tr>
<tr><td>(III)</td><td>ein Sündopfer (junger Ziegenbock)</td><td rowspan="2">von der ganzen Gemeinde dargebracht</td></tr>
<tr><td>(IV)</td><td>ein Brandopfer (Kalb und Lamm)</td></tr>
<tr><td>(V)</td><td>ein Speiseopfer (Vers 17)</td><td rowspan="2">für die ganze Gemeinde</td></tr>
<tr><td>(VI)</td><td>ein Dankopfer</td></tr>
</table>

Das Verfahren ist das gleiche wie im 8. Kapitel, nur daß jetzt Aaron statt Moses die Funktion des Priesters ausübt.

Der Höhepunkt wird in Vers 24 erreicht, wo die Wirksamkeit von Aarons Priestertum sich dadurch beweist, daß »ein Feuer vom Herrn ausgeht« und das Brandopfer und das Fett auf dem Altar verzehrt. Diese Manifestation der göttlichen Macht wird auf angemessene Weise durch Lärm begleitet – »das Volk frohlockte« (vgl. hierzu die Äquivalenz »Lärm/Schweigen = heilig/profan« in Kapitel 13).

Wir müssen uns nun daran erinnern, daß nach der mythisch-metaphysischen Bedeutung der Vorgänge Aaron selbst das Opfer ist, das in die andere Welt versetzt worden ist, um so einen Kommunikationsweg mit der Gottheit zu eröffnen; und um nun in seinem neuen Priesterstatus in den Normalzustand zurückkehren zu können, muß Aaron einen Akt der Trennung vollziehen, etwas von sich selbst aufgeben.

Im *Kapitel* 10, Vers 1 – 5, läßt der Mythos deshalb die beiden Söhne Aarons, Nadab und Abihu, vom Feuer des Herrn verzehrt werden. Ihre Leichen werden nicht wie normale Leichen behandelt, sondern wie der Rest eines Sündopfers, d. h. sie werden ohne Bestattungszeremonie vor das Lager getragen. Daß es bei diesem Mythos um die Idee der Reinheit geht, und nicht um die göttliche Vergeltung, wird schon dadurch klar, daß die unvollkommenen Söhne Nadab und Abihu sofort durch die vollkommenen Söhne Eleasar und Ithamar ersetzt werden (Vers. 12). Außerdem werden an die Geschichte über die Vernichtung von Nadab und Ahibu (Vers 1 – 7) gleich Ermahnungen über das Unterscheiden von heilig und unheilig, rein und unrein angeschlossen.

Diese strukturalistische Auffassung, nach der Eleasar und Ithamar Ersatzfiguren für Nadab und Abihu sind und keine eigenständigen Personen, macht auch das sonst rätselhafte Argument in den Versen 16 – 20 verständlich: beim Sündopfer, das Eleasar und Ithamar nicht – wie vorgeschrieben – »an der heiligen Stätte« verzehren wollten, handelt es sich ja, durch Substitution, um die Körper ihrer toten Brüder, und bei einem weiteren Substitutionsschritt um ihre eigenen Körper.

Überspringen wir nun einige Kapitel und betrachten das »Sündenbock«-Ritual im Kapitel 16! Was ich hier deutlich machen möchte ist, daß es sich bei dieser scheinbar anomalen Form von Opfer um eine Transformation der bereits beschriebenen Opferprozedur handelt, die sich in die gleichen kosmologischen Ideen einfügt und die gleichen metaphorischen und metonymischen Assoziationen enthält.

Den Ausgangspunkt bildet der Gedanke, daß selbst Aaron als

Oberpriester das Allerheiligste (s. Abb. 9) nur nach einem besonderen Reinigungsritus betreten darf, weil mit der Anwesenheit Gottes auf dem Gnadenstuhl gerechnet werden muß.

Fünf Tiere werden dabei geopfert:

(I)	ein Sündopfer (Jungstier)	von Aaron dargebracht (Vers 3)
(II)	ein Brandopfer (Widder)	
(III)	ein Sündopfer (zwei Ziegenböcke)	von der ganzen Gemeinde dargebracht (Vers 5)
(IV)	ein Brandopfer (Widder)	

Das besondere in diesem Falle ist, daß die beiden Ziegenböcke des Stadiums (III) durch das Los – d. h. durch göttliche Intervention – unterschieden (Vers 8 – 10) und anschließend ganz unterschiedlich behandelt werden. Mit allen übrigen Tieren, die nicht zum Sündenbock bestimmt worden sind (Vers 8), wird wie üblich verfahren, nur daß sich das Blutsprengen diesmal bis ins Allerheiligste und bis zum Gnadenstuhl erstreckt. Der Sündenbock dagegen wird einem besonderen Ritual unterzogen (Vers 21 – 22). Durch Wortmagie werden die Sünden der gesamten Gemeinde auf ihn übertragen, und dann wird er in die Wildnis hinausgetrieben und sich selbst überlassen.

Der andere Ziegenbock und der Jungstier werden wie normale Sündopfer behandelt, vgl. dazu das zu Kapitel 4 Gesagte.

Im ganzen betrachtet handelt es sich bei der Sündenbock-Sequenz um die genaue Umkehrung der Aaron-Sequenz: Aaron wird schrittweise von den Befleckungen des Lagers und seiner eigenen Unvollkommenheit befreit und befindet sich zuletzt rein und heilig im Zentrum des Lagers. Der Sündenbock wird Schritt für Schritt von dem anderen Bock und den übrigen Opfertieren abgesondert, mit der Unreinheit Aarons und der gesamten Gemeinde beladen (die gereinigt zurückbleibt) und endet unrein und unheilig (aber dadurch auch irgendwie »geheiligt«) in der Wildnis.

Das zentrale Prinzip ist, daß die Trennung des spirituellen Wesens vom materiellen Körper beim Tode *das* Paradigma für den Mechanismus ist, der bei den Lebenden einen Wandel des sozialen Status »verursacht«. Die Wiederholung von Tieropfern bei allen Schritten aller Übergangsriten macht von diesem Paradigma Gebrauch.

Umgekehrt braucht man im Falle des Sündenbocks ein Symboltier, das vom rituellen Schauplatz entfernt wird, dabei aber *nicht* von seiner Unreinheit getrennt wird; und deshalb ist es angemessen, daß der Sündenbock *nicht* getötet wird.

Ich hoffe, es ist mir gelungen, den Leser zu überzeugen, daß bei der Analyse ethnographischer Befunde tatsächlich auch die kleinsten Details von Bedeutung sind.

Einige Leser fragen sich vielleicht, wie – wenn überhaupt – diese sehr allgemeinen interpretierenden Aussagen auf christliche Rituale anwendbar sind.

Im Christentum erscheint das Opfer nur in stellvertretend-symbolischer Form als Rückbezug auf seine Mythologie. Dem Mythos nach ist der Gottmensch Christus von böswilligen Menschen getötet worden; im Rückblick und durch eine komplexe Transformation ist dies jedoch zu einem Opfer, einer von Gott gewollten Tötung geworden; und dieses Opfer hat einen dauernden Kommunikationskanal eröffnet, durch den die Gnade Gottes dem Gläubigen zufließen kann. Dargebracht ist das Opfer von Christus selbst worden, und der Priester, der vor der Gemeinde Brot und Wein als »Leib und Blut Christi« darbringt, wiederholt – so die Implikation – dieses Opfer zeitlos auf Geheiß seines göttlichen Stifters.

Wir wissen eine Menge über die Geschichte des Christentums und können deshalb sehen, daß die Wechselbezüge und symbolischen Transformationen in diesem Falle äußerst involviert gewesen sind. Die Eucharistiefeier im ganzen ist eine Transformation des jüdischen Passah-Mahls, und der gekreuzigte Christus »ist« das geopferte Passah-Lamm, »das Lamm Gottes«. Brot und Wein sind alsdann nicht nur metaphorisch, sondern auch metonymisch mit dem Fleisch des Opfertieres assoziiert (vgl. 3. Mose 23).

Diese Fragen hier sind extrem komplex, aber ich möchte doch noch darauf hinweisen, daß die von mir vorhin analysierte Metapher, nach der Aaron selbst die Schmerzen des Opfers erleiden muß, bevor er zu einem effektiven dauernden Vermittler zwischen Gott auf dem Gnadenstuhl und der sündenbeladen-leidenden Gemeinde werden kann, strukturell der christlichen Vorstellung ganz nahe steht, daß Jesus sterben mußte, bevor er seine vollkommene Wirksamkeit als dauernder Vermittler zwischen Gott und der leidenden Menschheit erreichen konnte.

Die theologische Literatur zu diesem Thema ist ungeheuer umfänglich, anthropologisch jedoch naiv. Moderne anthropologische Analysen gibt es kaum. Eine Abhandlung, die in einigen Hinsichten die hier verwendete Terminologie übernommen hat, ist die von Fernandez (1974).

19. Schlußbemerkungen

Wir sind jetzt zum Schluß gekommen, und ich möchte deshalb dem Leser empfehlen, noch einmal meine Einleitung zu lesen und selber zu entscheiden, wieweit ich meine Versprechen eingelöst habe.

Mit der ausführlichen Diskussion des Opfers im 18. Kapitel habe ich meine Behauptungen illustrieren wollen, daß es ganz wesentlich auf's Detail ankommt, daß jede Einzelheit eines Brauchs als Bestandteil eines Komplexes betrachtet werden muß und daß isoliert betrachtete Details so sinnlos sind wie isolierte Buchstaben des Alphabets. Betrachten wir diese Analogie zu den Buchstaben des Alphabets noch einmal genauer! Wie verfahren wir, wenn wir mit Hilfe der Buchstaben Informationen übermitteln? Nun, zunächst wählen wir 26 Marken aus einer unendlichen Menge möglicher Marken aus und erklären sie zu einer Klasse. Dann machen wir ein Inventar der Laute unserer gesprochenen Sprache, wobei wir das Intonationskontinuum auf ersichtlich willkürliche Weise aufteilen. Anschließend ordnen wir die willkürlich festgelegten Laute den ebenso willkürlich festgelegten Marken zu und beseitigen Unebenheiten, indem wir einige besondere Kombinationen für Laute festlegen, die nicht in unser Buchstabenschema passen wollen. Und schließlich fügen wir die Buchstaben zu Sequenzen zusammen und produzieren so eine Art Modell des natürlichen Sprechens, oder auf alle Fälle doch eine idealisierte Version des natürlichen Sprechens.

Wenn man das an meinem Opferbeispiel herausgearbeitete Material genau genug betrachtet, wird man bemerken, daß diese Analogie ziemlich weit trägt. Die Elemente des Rituals – die Buchstaben – haben für sich keine Bedeutung, sie erhalten Bedeutung durch den Kontrast zu anderen Elementen. Und weiter: genauso, wie die kontrastierenden Buchstaben nur dann zu sinnvollen Mustern zusammengefügt werden können, wenn dies in einem bestimmten Rahmen geschieht – z. B. als lineares Arrangement auf einem Blatt Papier –, können auch die kontrastierenden Elemente eines Rituals auf verschiedene Weise zu Gesamtbotschaften kombiniert werden, wenn diese Kombination innerhalb eines übergreifenden Rahmens abläuft, dessen räumliche und zeitliche Struktur in der Art der Kombinationen vorausgesetzt ist. Von diesem Punkt an allerdings würde ich die Analogie zwischen Ritual und Sprache (oder wenigstens doch zwischen Ritual und Schriftsprache) nur noch mit Vorsicht gebrauchen.

Der Kernpunkt meiner Argumentation läßt sich so formulieren: Nichtverbale Kommunikation kommt meist auf die Weise zustande, auf die der Dirigent eines Orchesters den Zuhörern Information übermittelt, und *nicht* auf die Weise, auf die der Autor eines Buchs seinen Lesern verbale Information übermittelt (vgl. Kap. 9). Eine weitere, abgeleitete Hauptthese ist, daß Zeichen und Symbole ihre Bedeutung in Kombinationen vermitteln, und nicht einfach als Mengen binärer Zeichen in linearen Sequenzen oder Mengen von metaphorischen Symbolen in paradigmatischen Assoziationen. Mit anderen Worten: Wir müssen eine Menge über den kulturellen Kontext wissen, gewissermaßen über das Bühnenbild, bevor wir mit der Entschlüsselung der Botschaft überhaupt anfangen können.

Ich glaube, daß meine Argumentation in dieser Hinsicht mit der allgemeinen Position von Mary Douglas und den weitaus detaillierteren Thesen von Victor Turner verträglich ist. Von der Position von Firth (1973) dagegen ist sie deutlich unterschieden. Firth diskutiert in den Kapiteln seines Buchs jeweils für sich den Nahrungssymbolismus, den Haarsymbolismus, die Körpersymbole des Grüßens und Abschiednehmens, Flaggensymbolik, den Symbolismus des Gabentauschs. Jede Symbolkategorie wird bei ihm für sich diskutiert, und innerhalb jeder einzelnen Kategorie wird jede Symbolverwendung an einem isolierten Beispiel diskutiert. Am nächsten bin ich in diesem Buch einem solchen Vorgehen im 13. Kapitel gekommen, wo ich Kleidung, Farben, Speisezubereitung und Körperverstümmelungen als alternative Ausdrucksformen für die gleichen Gegensatzpaare diskutiere – entsprechend meiner These, daß jeder dieser Codes eine potentielle Transformation jedes anderen ist.

Die Gruppe allgemeiner Ideen, die auf dem Begriff der *strukturellen Transformation* basiert, erscheint mir als fundamental. Die von mir im 2. Kapitel eingeführte Terminologie und ihr Jargon soll den Begriff der Transformation hinreichend umfassend machen. Wer eine andere Garnitur von Kategorienunterscheidungen gebrauchen möchte, sollte diesen Gesichtspunkt im Auge behalten.

Auf der negativen Seite wird der Leser bemerken, daß in diesem Buch nicht auf Freud Bezug genommen worden ist. Die psychoanalytische Theorie erhebt den Anspruch, Kausalerklärungen über den Zusammenhang privater (Anlaß-)Symbole liefern zu können, und weil man – was ja durchaus vernünftig ist – die Ansicht vertritt, daß alle kulturell standardisierten Symbole ursprünglich einmal Anlaß-Symbole gewesen sein müssen, erheben Psychoanalytiker häufig den Anspruch, daß sie auch die kulturell standardisierten Symbole »erklären« könnten.

Ich habe in verschiedenen früheren Veröffentlichungen (vor allem Leach 1958 und 1972) untersucht, inwieweit psychoanalytische und strukturell-anthropologische Interpretationen symbolischer Zusammenhänge miteinander verträglich sind, und ich bin dort generell zu dem Schluß gekommen, daß die Vermutungen der Psychoanalytiker wahrscheinlich sehr oft richtig sind, daß jedoch die »Theorie«, mit der sie diese Vermutungen rechtfertigen wollen, intellektuell so grobschlächtig und wenig verfeinert ist, daß sie als allgemein anwendbares Instrument bei der Analyse ethnographischen Materials praktisch keinen Wert hat. Andererseits aber sind viele zum Freudschen Typ gehörende Interpretationen des Symbolverhaltens mit der hier skizzierten Theorie durchaus verträglich.

Es handelt sich hier um Fragen, über die der ernstzunehmende Sozialanthropologe gründlich nachdenken muß, die aber in dem hier zur Verfügung stehenden Raum nicht befriedigend behandelt werden konnten.

Mein letzter positiver Rat vor allem für studentische Leser ist, daß sie nun mit dem hier von mir bereitgestellten analytischen Apparat an eine der großen klassischen sozialanthropologischen Monographien herangehen und feststellen sollten, ob er ihnen weiterhilft. Bringt – z. B. – Leach (1971) etwas für die Lektüre von Radcliffe-Brown (1922) ein? Ich glaube schon.

Literaturhinweise

(a) Auf die folgenden Titel wird im Text direkt oder indirekt Bezug genommen:

Barth, Fredrik (1966), *Models of Social Organization* (Royal Anthropological Institute: Occasional Paper no. 23). London: Royal Anthropological Institute.

Barthes, Roland (1967), *Elements of Semiology*, trans. A. Lavers and C. Smith. London: Cape Editions.

Bauman, R. (1974), ›Speaking in the Light: the Role of the Quaker Minister‹, in: R. Bauman and J. Sherzer (Hrsg.), *Explorations in the Ethnography of Speaking*. Cambridge: Cambridge University Press.

Cassirer, Ernst (1954), *Philosophie der symbolischen Formen*, 3 Bde. Darmstadt: Wiss. Buchgesellschaft. (Originalausgabe: Berlin 1923.)

Douglas, Mary (1966), *Purity and Danger*. London: Routledge and Kegan Paul.

(1974), *Ritual, Tabu und Körpersymbolik. Sozialanthropologische Studien in Industriegesellschaft und Stammeskultur*. Frankfurt/Main: Fischer.

(1972), ›Symbolic orders in the use of domestic space‹ in Peter J. Ucko, Ruth Tringham and G. W. Dimbleby, *Man, Settlement and Urbanism*, pp. 513–21. Cambridge (Mass.): Schenkman Publishing Co.

Evans-Pritchard, E. E. (1956), *Nuer Religion*. Oxford: Clarendon Press.

Fernandez, J. W. (1965), ›Symbolic consensus in a Fang reformative cult‹, *American Anthropologist*, 67: 902–29.

(1974), ›The mission of metaphor in expressive culture‹, *Current Anthropology*, 15: 119–45.

Firth, Raymond (1973), *Symbols; Public and Private*. London: Allen and Unwin.

Geertz, C. (1973), ›Thick Description: Toward an Interpretive Theory of Culture‹ in Clifford Geertz, *The Interpretation of Cultures: Selected Essays by Clifford Geertz*, pp. 3–30. New York: Basic Books Inc.

Hjelmslev, L. (1953), *Prolegomena to a Theory of Language*. Bloomington: Indiana University Press.

Jakobson, R. and Halle, M. (1956), *Fundamentals of Language* (Janua Linguarum: Series Minor 1). The Haague: Mouton.

Leach, E. R. (1954), *Political Systems of Highland Burma*. London: G. Bell and Sons Ltd.

(1958), ›Magical hair‹, *Journal of the Royal Anthropological Institute*, 88: 147–64.

(1961), *Pul Eliya: A Village in Ceylon*. Cambridge: Cambridge University Press.

(1964), ›Anthropological aspects of language: animal categories and verbal abuse‹, in E. H. Lenneberg (Hrsg.), *New Directions in the Study of Language*. Cambridge (Mass.): MIT Press.
(1970), *Claude Lévi-Strauss*. New York: Viking Press; London: Fontana.
(1971), ›*Kimil*: A Category of Andamanese Thought‹, in P. Maranda and E. K. Maranda (Hrsg.), *Structural Analysis of Oral Tradition*. Philadelphia: University of Pennsylvania Press.
(1972), ›The Structure of Symbolism‹ in J. S. La Fontaine (Hrsg.), *The Interpretation of Ritual*. London: Tavistock Publications.
Lévi-Strauss, C. (1949), *Les Structures élémentaires de la parenté*. Paris: P.U.F.
(1965), Das Ende des Totemismus. Frankfurt/Main: Suhrkamp.
(1966), ›The Culinary Triangle‹, *New Society* (London), 22 Dezember, 166: 937–40.
(1967) *Strukturale Anthropologie*. Frankfurt/Main: Suhrkamp.
(1968) *Das wilde Denken*, Frankfurt/Main: Suhrkamp.
(1971) *Mythologica I. Das Rohe und das Gekochte*. Frankfurt/Main: Suhrkamp.
(1972) *Mythologica II. Vom Honig zur Asche*. Frankfurt/Main: Suhrkamp.
(1975) *Strukturale Anthropologie II*. Frankfurt/Main: Suhrkamp.
Malinowski, B. (1922), *Argonauts of the Western Pacific*. Londo: Routledge and Kegan Paul.
Maranda, E. K. and Maranda, P. (1971), *Structural Models in Folklore and Transformational Essays*. The Hague: Mouton.
Mauss, Marcel (1968), *Die Gabe. Über Formen und Funktionen in archaischen Gesellschaften*. Frankfurt/Main: Suhrkamp.
Mauss, M. and Beuchat, M. H. (1906), ›Essai sur les variations saisonnières des sociétés Eskimos‹, *L'Année sociologique* 1904–5, 9.
Morris, Charles (1971), *Writings of the General Theory of Signs* (Approaches to Semiotics 16). The Hague: Mouton.
Mulder, J. W. F. and Hervey, S. G. J. (1972), *Theory of the Linguistic Sign* (Janua Linguarum: Series Minor 136). The Hague: Mouton.
Needham, R. (Hrsg.) (1973), *Right and Left: Essays in Dual Symbolic Classification*. Chicago: University of Chicago Press.
O'Flaherty, W. D. (1973), *Asceticism and Eroticism in the Mythology of Siva*. London: Oxford University Press.
Peirce, C. S. (1931–5), *Collected Papers of Charles Sanders Peirce*, ed. C. Harteshorne and P. Weiss. Cambridge (Mass.): Harvard University Press. deutsch: (1967), *Schriften I*; (1970), *Schriften II*; (1976), *Schriften zum Pragmatismus und Pragmatizismus*. Hrsg. Karl-Otto Apel. Frankfurt/Main: Suhrkamp.
Radcliffe-Brown, A. R. (1922), *The Andaman Islanders*. Cambridge:

Cambridge University Press.
Saussure, F. de (1967), *Grundlagen der allgemeinen Sprachwissenschaft*. Berlin: de Gruyter.
Turner, V. W. (1967), *The Forest of Symbols*. Ithaca: Cornell University Press.
Wolf, A. P. (1970), ›Chinese Kinship and Mourning Dress‹ in M. Freedman (Hrsg.), *Family and Kinship in Chinese Society*, S. 189–208. Stanford: Stanford University Press.

(b) Weiterführende Literatur:

Schon ein flüchtiger Blick auf die ausführlichen Bibliographien bei Firth (1973) und Fernandez (1974) läßt erkennen, wie ungeheuer umfänglich der Bereich der für das Thema dieses Buchs einschlägigen Literatur ist. Der Leser muß sich bei der Auswahl, die er trifft, von seinen Interessen leiten lassen. Bei den folgenden Titeln handelt es sich hauptsächlich um Aufsatzsammlungen. Abgesehen von den Titeln, die sich explizit mit Kommunikationstheorie beschäftigen, sind vor allem Titel angeführt, die die visuellen, psychologischen und ethnologischen Aspekte der Kommunikation eingehender behandeln als die Titel des ersten Teils.

Birdwhistell, R. (1970), *Kinesics and Context*. Philadelphia: University of Pennsylvania Press.
Gumperz, J. J. and Hymes, D. (Hrsg.) (1964), *The Ethnography of Communication: American Anthropologist Special Publication*, vol. 66, no. 6, part 2.
(1972), *Directions in Sociolinguistics: The Ethnography of Communication*. New York: Holt, Rinehart and Winston Inc.
Hinde, R. A. (Hrsg.) (1972), *Non-Verbal Communication*. Cambridge: Cambridge University Press.
Jung, C. G. (Hrsg.) (1968), *Der Mensch und seine Symbole*. Olten: Walter.
Kepes, G. (Hrsg.) (1966), *Sign, Image and Symbol*. London: Studio Vista.
Marshak, A. (1972), *The Roots of Civilisation: The Cognitive Beginnings of Man's First Art, Symbol and Notation*. London: Weidenfeld and Nicholson.
Minnis, N. (Hrsg.) (1971), *Linguistics at Large*. New York: The Viking Press.
Pierce, J. R. (1962), *Symbols, Signals and Noise*. London: Hutchinson.
Romney, A. K. and D'Andrade, R. G. (Hrsg.) (1964), *Transcultural Studies in Cognition: American Anthropologist: Special Publication*, vol. 66, no. 3, part. 2.

Smith, A. G. (Hrsg.) (1966), *Communication and Culture: readings in the codes of human interaction.* New York: Holt, Rinehart and Winston.

Willis, R. (Hrsg.) (1975); *The Interpretation of Symbolism* (ASA Studies). London: Malaby Press.

Register

stw 149 Urs Jaeggi
Theoretische Praxis
224 Seiten
In der deutschen Strukturalismus-Debatte ist der strukturale Marxismus in die sozialphilosophische Fragestellung aufgesogen worden. Als Kritiker am Hyper-Empirismus, als Gegner der »Rhapsodie von Fakten«, steht er andererseits quer sowohl zu einem Spät- oder Neohegelianismus wie auch zu den Exerzitien einer wortgetreuen Marx/Engels-Exegese. Jaeggi versucht herauszuarbeiten, weshalb der strukturale Ansatz dabei nicht gegen die historisch-materialistische Methode ausgespielt werden kann, sondern im Rahmen des historischen Materialismus richtige Fragen formuliert und reformuliert.

stw 151 Clemens Lugowski
Die Form der Individualität im Roman
Mit einer Einleitung von Heinz Schlaffer
240 Seiten
Seit ihrem ersten Erscheinen (1932) ist Lugowskis Abhandlung nur wenigen Fachgelehrten bekanntgeworden: einer der bedeutendsten Beiträge zur Literaturwissenschaft ist noch zu entdecken. Seine Parallelen liegen außerhalb der zünftigen Germanistik: in Cassirers *Philosophie der symbolischen Formen*, in den kunsttheoretischen Arbeiten der Warburg-Schule, im russischen Formalismus.
In der gegenwärtigen Situation der Literaturwissenschaft, die sich in textlinguistische und sozialgeschichtliche Schulen getrennt hat, kann dieses Buch an vergessene Vermittlungen erinnern: an ästhetische Sinnformen, an die besondere Weise der Dichtung, Leben und Welt deutend darzustellen.

stw 154 Jürgen Habermas
Zur Rekonstruktion des Historischen Materialismus
352 Seiten
Die in diesem Band zusammengefaßten Arbeiten zielen alle auf die Rekonstruktion des Historischen Materialismus ab. Rekonstruktion heißt hier: eine Theorie auseinandernehmen und in neuer Form wieder zusammensetzen, um das Ziel, das sie sich gesetzt hat, besser zu erreichen.

stw 155 Peter Weingart
Wissensproduktion und soziale Struktur
256 Seiten
Die in diesem Band zusammengefaßten Arbeiten zielen alle auf die Begründung und Explikation eines neuen Ansatzes in der Wissenschaftssoziologie. Ihr systematischer Zusammenhang ergibt sich aus dem Versuch, Wissen als »soziale Kategorie« zu fassen. Damit eröffnet sich die Möglichkeit, die historische und aktuelle Analyse der Wissenschaftsentwicklung und -politik über die Beschränkungen der in diesem Feld vorherrschenden Begriffsraster hinauszutreiben.

stw 156 *Seminar: Kommunikation, Interaktion, Identität*
Herausgegeben von Manfred Auwärter, Edit Kirsch und Klaus Schröter
Der Band enthält Arbeiten aus der Interaktions- und Kommunikationsforschung, die u. a. als Beiträge zur Klärung folgender Fragen gesehen werden können: Wie interpretieren Individuen wechselseitig ihre Äußerungen und Handlungen? Wie stimmen sie Erwartungen aufeinander ab? Wie verhalten sie sich im Fall der Enttäuschung von Erwartungen? Was folgt daraus für den Prozeß, in dem grundlegende interaktive und kommunikative Fähigkeiten erworben werden und Identitäten aufgebaut und bewahrt werden?

stw 157 Heinz Kohut
Narzißmus
Eine Theorie der psychoanalytischen Behandlung narzißtistischer Persönlichkeitsstörungen
Aus dem Amerikanischen von Lutz Rosenkötter
400 Seiten

»Ohne Frage ist dieses Buch ein Meilenstein, nicht nur in der Fortentwicklung der Psychoanalyse über Freuds ursprüngliche Ansätze hinaus, sondern auch im so langsam und zäh fortschreitenden Erkenntnisprozeß des Menschen über seine eigene Natur.« *Jürgen vom Scheidt*

stw 158 Norbert Elias
Über den Prozeß der Zivilisation
Soziogenetische und psychogenetische Untersuchungen
Erster Band: Wandlungen des Verhaltens in den weltlichen Oberschichten des Abendlandes
350 Seiten

stw 159 Norbert Elias
Über den Prozeß der Zivilisation
Soziogenetische und psychogenetische Untersuchungen
Zweiter Band: Wandlungen der Gesellschaft. Entwurf zu einer Theorie der Zivilisation
508 Seiten
Die Soziologie des 20. Jahrhunderts konzentriert sich vor allem auf Zustände. Die langfristigen Transformationen der Gesellschaft und Persönlichkeitsstrukturen hat sie weitgehend aus den Augen verloren. Im Werk von Norbert Elias bilden diese langfristigen Prozesse das zentrale Interesse: Wie ging eigentlich die »Zivilisation« im Abendlande vor sich? Worin bestand sie? Und welches waren ihre Antriebe, ihre Ursachen oder Motoren?
Bei Elias' Arbeit handelt es sich weder um eine Untersuchung über eine »Evolution« im Sinne des 19. Jahrhunderts noch um eine Untersuchung über einen unspezifischen »sozialen Wandel« im Sinne des 20.; seine Arbeit ist grundlegend für eine undogmatische, empirisch fundierte soziologische Theorie der sozialen Prozesse im allgemeinen und der sozialen Entwicklung im besonderen.

stw 160 Hans G. Furth
Intelligenz und Erkennen
Die Grundlagen der genetischen Erkenntnistheorie Piagets
Übersetzt von Friedhelm Herborth
384 Seiten
Hans G. Furth hat den ersten Versuch einer systematischen Darstellung der Theorie Piagets unternommen, und er hat,

wie Piaget selbst es formuliert, »diese Aufgabe außerordentlich erfolgreich gelöst«. Piaget zwingt zu einer Revolution unserer Anschauungen, wie es außer ihm in der Neuzeit nur Kopernikus, Darwin und Freud getan haben.

stw 164 Karl-Otto Apel
Transformation der Philosophie
Band 1: Sprachanalytik, Semiotik, Hermeneutik
384 Seiten

stw 165 Karl-Otto Apel
Transformation der Philosophie
Band 2: Das Apriori der Kommunikationsgemeinschaft
464 Seiten
Transformation der Philosophie meint die Transformation der Transzendentalphilosophie des Privat-Subjekts in eine Transzendentalphilosophie der Intersubjektivität.

stw 166 *Seminar: Theorien der künstlerischen Produktivität*
Entwürfe mit Beiträgen aus Literaturwissenschaft, Psychoanalyse und Marxismus
Herausgegeben von Mechthild Curtius unter Mitarbeit von Ursula Böhmer
464 Seiten
Die in diesem Band versammelten Beiträge aus westlichen und östlichen Ländern geben einen Überblick über den gegenwärtigen Stand der »Theorie« künstlerischer Produktivität und einen Ausblick auf mögliche Weiterentwicklungen dieser Theorie.

stw 176 Emile Durkheim
Soziologie und Philosophie
Mit einer Einleitung von Theodor W. Adorno
Übersetzt von Eva Moldenhauer
160 Seiten
Die Aufsätze und Diskussionsbeiträge, die unter dem Titel *Soziologie und Philosophie* zusammengestellt und zuerst 1924 veröffentlicht wurden, führen in ein für Durkheims Denken zentrales Gebiet: in die von ihm intendierte Wissenschaft der Moral, die sowohl individuelle als auch kollektive moralische – und das heißt zugleich anthropologische, psychologische und soziologische – Phänomene erfassen will.

Alphabetisches Verzeichnis der suhrkamp taschenbücher wissenschaft